职场交流教程

ZHICHANG JIAOLIU JIAOCHENG

余瑞祥　编著

图书在版编目(CIP)数据

职场交流教程/余瑞祥编著.—武汉:中国地质大学出版社,2024.7. —ISBN 978-7-5625-5925-2

Ⅰ.C912.1

中国国家版本馆 CIP 数据核字第 2024CE8995 号

职场交流教程			余瑞祥　编著
责任编辑:沈婷婷	选题策划:江广长　段　勇		责任校对:张咏梅
出版发行:中国地质大学出版社(武汉市洪山区鲁磨路388号)			邮编:430074
电　　话:(027)67883511	传　　真:(027)67883580		E-mail:cbb@cug.edu.cn
经　　销:全国新华书店			http://cugp.cug.edu.cn
开本:787毫米×1092毫米　1/16		字数:234千字	印张:9.25
版次:2024年7月第1版		印次:2024年7月第1次印刷	
印刷:湖北睿智印务有限公司			
ISBN 978-7-5625-5925-2			定价:38.00元

如有印装质量问题请与印刷厂联系调换

序

职场交流与我们每个职场人息息相关,但鲜有学者关注、研究职场交流。一个重要的原因是,人们通常将职场交流等同于能说会道甚至巧言令色,这个话题难免显得低级,充其量是一个情商问题,没有什么学术价值。希望本书的出版能够克服这一成见。

本书将职场交流界定为员工与单位的关系,主要是员工的职业抱负与单位目标的关系,显然,这样一个问题无论是从单位还是员工的角度看,都是值得探讨的重要课题。

现实生活中,人际亲疏始终是影响个体行为的重要因素,人际亲疏对正式制度安排的影响始终存在。充分发挥人际亲疏的积极作用,避免其消极影响,对于单位而言,是重要的管理挑战,对于员工而言,是重要的人文修为。

领导与跟随是职场生活中的特殊现象,观察和分析这一现象的基本依据是事业的道义性和成效,主要看领导能否站在时代前沿,创造性地引领单位发展,带领员工积极应对环境的变化,不能脱离事业成败孤立地看领导与下属之间的关系。

语言与现实的关系是一个常说常新的话题,今天看来,一代人有一代人的歌声,一代人有一代人的文章。对于媒介信息而言,文采、激情和流量等等固然重要,但归根结底要看媒介信息对现实生活走向的影响,是不是符合我们的期待,也就是传播要看效果。

人类群体行为的确定性和个体行为的能动性既是科学与人文的重要分野,也是中西方学术文化的不同取向。重拾对个体行为能动性的关注,是中国人文学者义不容辞的历史责任。

本书是一本帮助青年员工提升职场交流能力的教材,同时也是一份严肃的学术探索。当然,限于学力,滥觞之作难免粗糙和错漏,作为一名退休教师,热切期盼更多的青年学者投身到这一领域,使得职场交流的学术研究和教育教学尽快成熟起来,但愿本书可以抛砖引玉。

我与中国地质大学远程与继续教育学院王兴副院长曾经是同事,也是要好的朋友,在我即将退休之际,他动员我面向在职学员开设一门职场交流课程,这一建议得到了隋明成院长的大力支持,帮助我争取到了学校和学院的资助。

在课程录制及教材出版过程中,远程与继续教育学院的张睿老师自始至终提供技术支持,宋慧玲老师做了大量的协调工作,经济管理学院孟霞副教授分担了本该由我劳神费力的具体事务。《职场交流教程》的公开出版,既得益于单位的支持,也得益于友谊的滋润,是职场亲密成就工作的生动例证。

值此新书面世之际,感谢中国地质大学及其远程与继续教育学院的宝贵资助,感谢朋友们的无私帮助,感谢家人的无声支持。

古稀之年,新书面世,序言喜悦。

余瑞祥

2024年4月于红莲湖

目　录

第一章　导　论：单位与员工 ·· (1)
　第一节　单　位 ·· (2)
　第二节　员　工 ·· (4)
　第三节　员工服从单位 ·· (8)
　第四节　《职场交流教程》简介 ·· (10)

第二章　交流与亲疏 ·· (21)
　第一节　人际亲密 ·· (22)
　第二节　人际信用 ·· (25)
　第三节　圈　子 ·· (28)

第三章　亲和力、适应与顺从 ·· (35)
　第一节　亲和力 ·· (36)
　第二节　适应与顺从 ·· (41)

第四章　回应关切 ·· (47)
　第一节　环境变化与心理关切 ·· (48)
　第二节　把握关切 ·· (51)
　第三节　推测与悟性 ·· (55)
　第四节　把握分寸 ·· (58)
　第五节　案例分析 ·· (61)

第五章　非亲密交流 ·· (69)
　第一节　远而敬之 ·· (70)
　第二节　隐恶扬善 ·· (72)
　第三节　直面冲突 ·· (74)
　第四节　管理互动 ·· (77)

第六章　领导与交流 ·· (83)
　第一节　单位与领导 ·· (84)
　第二节　英明决策 ·· (85)
　第三节　以德服人 ·· (92)
　第四节　维护领导权威 ·· (96)

第七章　有效跟随 ·· (103)
　第一节　贵人相助 ·· (104)
　第二节　牝马之贞 ·· (106)
　第三节　案例分析 ·· (112)

第八章　信息与意义 ······ (119)
第一节　传播学的新进展 ······ (120)
第二节　事实与意义 ······ (122)
第三节　抽象与象征 ······ (127)
第四节　提高媒介素养 ······ (134)

主要参考文献 ······ (139)

案例目录

案例 1-1	乔布斯被驱逐出苹果公司	(8)
案例 2-1	两个史蒂夫创立的苹果公司	(27)
案例 2-2	疏不制亲	(27)
案例 2-3	魏文侯选相	(30)
案例 3-1	刘馥之死	(38)
案例 4-1	深夜电话	(49)
案例 4-2	楚汉相争	(54)
案例 4-3	曹操煮酒论英雄	(60)
案例 4-4	触龙说赵太后	(61)
案例 5-1	曹操丢失西川	(71)
案例 5-2	许攸丧命	(74)
案例 5-3	短暂的蜜月	(77)
案例 5-4	吕后王吕氏	(78)
案例 6-1	乔布斯去而复返	(85)
案例 6-2	孔子与叔孙通	(86)
案例 6-3	萧规曹随	(87)
案例 6-4	乔布斯的两大贡献	(87)
案例 6-5	百里奚与商鞅	(92)
案例 6-6	乔布斯的激励性交流	(93)
案例 6-7	曹操不杀通敌者	(95)
案例 6-8	管仲不举鲍叔牙	(99)
案例 7-1	乔布斯的贵人	(105)
案例 7-2	贾诩顾左右而言他	(110)
案例 7-3	赤壁之战前夕的决策	(112)
案例 8-1	乔布斯动员斯卡利	(121)
案例 8-2	齐人有一妻一妾	(125)
案例 8-3	纪念白求恩	(127)
案例 8-4	"天线门"事件	(128)
案例 8-5	《1984》与《非同凡响》	(132)

第 一 章

导论：单位与员工

本章的主要任务是明确职场交流课程的研究对象，并对全书作一个简要的介绍，方便读者整体把握本教程。本章包括两个部分：第一部分由第一节至第三节构成，回答什么是职场交流以及职场交流的基本规则；第二部分即第四节，概述了本教程的教学目的、教学内容和教学方法，并在这个过程中阐述了本教程的主要特征。学习本章需要重点掌握以下知识。

(1)职场交流是以单位员工身份进行的交流，职场交流的基本规则是，员工的言行不能与自己的员工身份相冲突。

(2)了解《职场交流教程》的教学目的、教学内容和教学方法等。

第一节　单　位

职场交流，就是以单位员工的身份进行的交流。职场交流有别于其他形式的交流。譬如说，我作为老师与同学们交流，与同事们讨论工作，向学校领导汇报工作，等等，都属于职场交流的范畴。相反，我回到家中与老婆孩子说话，属于家庭交流；我在报纸杂志上发表文章，则属于学术交流或者大众交流的范畴。不同形式的交流有不同的规则和伦理，明确职场交流的边界，有利于遵循职场交流的规则和伦理。譬如说，虽然民间有师徒如父子的说法，但老师与其学生的交流，不同于与其子女交流，否则，有失身份。

一、什么是单位

职场交流有三个关键词：单位、员工和交流，本章主要讨论单位与员工这两个概念。

现代社会是一个庞大的分工体系，这一体系主要是由成千上万个组织构成的。在社会分工体系中，每个组织都承担着一定的任务，如学校是培养人才的，企业是提供产品的，政府是提供公共服务的，等等。在社会分工体系中承担着一定任务的组织就是单位，即组成社会分工体系的单位或单元。现代汉语中"单位"这个词，既贴切，又灵活，既可以指社会分工体系中的法人组织，也可以指构成法人组织的部门和分支机构。例如，对于学生来说，教师的单位是某所学校，但是在学校内部，这位教师的单位则是某个学院、某个系。

二、单位的目标

任何单位都有双重目标，即任务目标和团结目标。

1. 任务目标(task goals)

前面讲过，任何一个单位都必须在社会分工体系中承担一定的任务，所谓任务目标，简单地说，就是单位必须为社会提供特定的产品和服务，作为单位的部门和分支机构必须为实现这一任务承担相应的职责，否则，单位就没有存在的必要。

在资本市场上,单位所承担的任务是投资决策的重要依据,在单位内部,各个部门和分支机构所承担的任务决定了它们的地位。单位的任务目标还是我们判断单位前途的重要依据,也就是看单位承担的任务是否为社会分工体系所需要。单位承担的任务越是为社会所需要,这种需要越持久,单位就越有前途,反之,单位就会面临着调整甚至被淘汰的风险。

2. 团结目标(maintenance goals)

英文"maintenance"这个词的字面意思是保持、保存、维修和维护等,maintenance goals 这个术语的含义是,一个单位完成任务的前提条件是这个单位能够存在下去,保持单位的存在是实现任务目标的前提,而保持单位存在需要其成员互相团结,只有员工团结的单位才可以存在下去,故不妨将 maintenance goals 翻译为团结目标。

团结目标意味着单位不仅要为分工体系提供产品和服务,而且还有责任、有义务为员工提供物质报酬和社会支持(social support),包括员工的尊严、荣誉和地位等,以满足员工的生理心理需要,保障员工的人格尊严。尽管制度不同,文化有差异,但能否保障员工权益始终是我们评价一个单位的重要标准。企业是追求利润的单位,但企业不能不择手段地赚钱,所以企业还需承担社会责任。此处的团结目标实际上是强调企业有保障员工权益的社会责任。

简单地说,单位的双重目标要求单位对外能够提供满足社会需要的产品和服务,对内能够保障员工的权益。毛泽东同志在《为人民服务》这篇文章里有两句话讲的就是单位的双重目标,"我们都是来自五湖四海,为了一个共同的革命目标走到一起来了。"这句话讲的就是任务目标。"我们的干部要关心每一个战士,一切革命队伍的人都要互相关心,互相爱护,互相帮助。"这句话讲的就是团结目标。

单位的任务目标和团结目标是互相联系的,团结起来是为了完成任务,任务目标是团结目标的前提。任务不能适应社会需要,或者任务完不成,也注定影响员工团结。但需要强调的是,团结不仅仅是完成任务的条件,而且是独立于任务的重要目标,为了完成任务,不顾员工的尊严和死活,这种单位是很难持久的,也是现代文明所不允许的。

社会分工是动态的,产品和服务是不断更新的,随着技术的进步和经济社会的发展,一些产品和服务的需求会衰减甚至被淘汰,相应地,其单位就会面临转型甚至退出社会分工体系。当年,家用电脑市场竞争激烈,乔布斯的商业导师马库拉建议乔布斯,在社会急剧变革时期,企业要学会像蝴蝶一样华丽转身。受此启发,乔布斯后来开发出 iPod 音乐播放器和 iPhone 手机,成功地带领苹果公司摆脱了困境。苹果公司之所以能够适应市场需要而调整任务目标,其动力来自乔布斯立志将苹果公司建设成为长盛不衰的公司,单位生存发展的需要是单位适应分工体系完成任务目标的重要引擎。社会急剧变革时期,一些单位被淘汰,而一些单位能够长盛不衰,团结目标的差异是一个非常重要的原因。

第二节 员　工

员工,或者职工,是个人的一种社会身份(role),也称角色,之所以称某人为某单位的员工,是因为他承担了这个单位的职责。所谓员工,就是承担着单位责任的个人。员工身份包括以下三个方面。

1. 任务身份(task role)

每一位员工都有责任、有义务实现单位的任务目标,称为任务身份。

具体地说,每位员工在单位都需要有明确的岗位,有明确的职责,能够回答自己在单位是干什么的,而不是可有可无的吃闲饭的人,这是任务身份最基本的含义。当然,任务身份并不是说仅仅关心自己的事情就够了,还要关心集体。这里员工关心集体主要体现在两个方面,既要从单位的总体工作目标看自己的职责,改进自己的工作;也要明确自己的职责在单位目标中的地位和作用,对单位的总体工作提出建议,促进单位目标的实现。不关心集体的员工通常也做不好自己的工作,还容易成为"沉默的多数"(silent majority)(就是对单位的决策没有影响,慢慢在单位内边缘化的员工)。

还有一点非常重要,就是中国传统文化对任务身份的影响,即不在其位,不谋其政(《论语·泰伯》)。通俗地说,就是我们不要超出自己的职责范围,去议论同事和领导的行为。

如果我们超出自己职责范围去议论某个员工或某个领导的工作没有做好,首先,这种议论不仅不会起作用,而且还会添乱,扰乱职场分工,超出职责范围的议论肯定是不负责任的。其次,这种不负责的议论容易得罪对方,结下私怨,职场上一旦产生对立面,难免给自己的职业前途留下隐患。现实生活中一些员工年轻气盛,觉得自己直爽、正派,看不惯的就要说,甚至将自己看不惯的事情、单位内部的分歧随便曝光在网络上。这种行为在职场上是不受欢迎的,大家都不愿意与这样的员工打交道,慢慢地这样的员工会被边缘化。

当然,不在其位,不谋其政,不是要我们对单位的消极现象熟视无睹,不是不要关心集体,而是要求我们通过正当的途径、单位认可的规则反映问题,解决问题,也就是说在自己的职责范围内反映问题,解决问题。对于自己职责范围以外的事情,细心观察、认真思考,但要学会闭嘴,更不要在社交平台上对单位及领导和同事说三道四。

更一般地说,中国传统文化是排斥无端地议论他人的交流行为的。《论语·宪问》中有一句话:子贡方人,子曰:"赐也贤乎哉?夫我则不暇。"子贡(端木赐)是孔子的学生,喜欢议论人(方人:议论人、批评人的意思)。孔子说道:"子贡啊,你就很了不起吗,我咋就没有那个闲工夫呢?"即使在今天,那些热衷于张家长、李家短的人仍然是非常不讨人喜欢的。

既要关心集体,又不能逾越职权,孟子下面的一段话,有利于我们加深对这个问题的理解。

仕非为贫也,而有时乎为贫;娶妻非为养也,而有时乎为养。为贫者,辞尊居卑,辞富居贫。辞尊居卑,辞富居贫,恶乎宜乎?抱关击柝。孔子尝为委吏矣,曰:"会计当而已矣。"尝为乘田矣,曰:"牛羊茁壮长而已矣。"位卑而言高,罪也;立乎人之本朝,而道不行,耻也。

——《孟子·万章下》

仕:知识分子;为道:居于较高的地位,承担着较大的责任;为贫:养家糊口;为养:传宗接代;柝(音拓):木头梆子。古时候没有计时器,古人靠敲梆子报时报警。"恶乎宜乎?抱关击柝"的意思是,即使是像守门打更这样卑微的工作,我们也应该尽职尽责地做好。恶:厌恶,这里是卑微、卑贱的意思;宜:适宜,适当。

这段话的大意是说,读书人应该有崇高的追求,但有时候也不得不为了养家糊口而工作,如同结婚不完全是为了传宗接代,但传宗接代也是婚姻的重要功能一样。如果我们身份卑微,只是为了养家糊口,就应该做好自己的本职工作,安守本分而不要好高骛远(辞尊居卑,辞富居贫)。即使是看门守夜这样卑微的工作,也应该做好。就像孔子,虽然很有学问,但他当保管员(委吏)的时候,就把账目搞清楚;当饲养员(乘田)的时候,就把牲口养好。如果人微言轻而高谈阔论,那是一种罪过;如果位高权重而不能负起责任,那是一种耻辱。

放在今天,孟子这段话的核心思想是,我们在单位的言行应该与我们承担的职责相适应。一个刚入职的青年学生,就对单位的发展前景和战略说三道四,是非常令人讨厌的,所谓"位卑而言高,罪也";同样的道理,如果身居高位而德不配位,才不配位,那也是一种耻辱。

2. 团结身份(maintenance role)

每一位员工都有责任、有义务维护单位的团结,称为团结身份。

团结身份包括互相联系的两方面:一方面,员工应该成为单位内受欢迎的人,讨人喜欢的人,至少不令人反感;另一方面,员工应该成为促进单位安定团结的人,而不能成为麻烦制造者。这就要求我们摒弃那些攻击性的、霸道专横的和吹毛求疵的交流方式,而倡导友善的、理性的和建设性的交流方式,无论是领导还是普通员工,交流中都需要尊重对方。现实生活中,一个人际关系紧张复杂的单位通常是令人生畏的,一个矛盾多、是非多的员工也往往是不受单位欢迎的。单位的团结目标和员工的团结身份是一枚硬币的两个方面,前者是通过后者实现的。

履行好自己的团结身份,意味着周围的人接受我们,认可我们,即使工作中遇到困难,甚至不小心出了差错,他人也愿意原谅我们,帮助我们。反过来说,如果我们没有履行好自己的团结身份,周围的人会反感我们,排斥我们,一旦我们犯了错误,周围的人会幸灾乐祸甚至落井下石。一般来说,团结是互相的,被人认可与认可他人是互相依存、互为条件的,所以,团结身份要求我们接受他人,认可他人,而不是横挑鼻子竖挑眼,团结意味着单位的每位员工都能够有尊严地工作。

如果说完成任务主要靠技术能力，搞好团结则主要依靠交流能力。现实生活中，一些年轻员工比较看重自己的技术能力，觉得这是硬功夫、真本领，认为与人交流无足轻重，是庸俗的搞关系、拉关系，甚至自恃自己的业务能力强而经常冒犯身边的同事和领导，结果是，虽然自己的业务能力很强，但因为不被同事和领导认同，自己的职业前途难免受影响。这里，不是单位不公平，也不是领导和同事有偏见，而是我们自己没有尽到团结责任，自己的言行与单位的团结目标相冲突。

在现代分工体系里，要有所创造、有所成就，只能靠群体、靠团队，这就离不开团结。现实生活中，单位的评优晋级也好，干部选拔也好，都有一个群众认可的问题。所以，技术能力和交流能力都是非常重要的职业能力，都会影响我们的职业前途，这既是由单位的双重目标决定的，也是由员工的身份决定的。因此，将"做事"与"做人"对立起来，认为建立和保持融洽人际关系的言行是封建残余，只有中国人才看重人际关系等，诸如此类的观点都是非常片面的，也是十分有害的。

3. 自我身份（myself role）

每一位员工，都应该有自己的职业追求，通过努力工作实现自我价值，这就是自我身份，也称为自我实现。

需要说明的是，自我身份（myself role）这个术语是笔者从"self-centered role"这个术语改造过来的。"self-centered role"直译为自我中心身份，是指员工因为个人利益而与单位目标相冲突的交流方式，包括阻碍任务的实现和破坏团结，如敷衍塞责、专横跋扈、无端攻击、搬弄是非、投机取巧甚至弄虚作假等。但是，否定自我中心，并不意味着员工可以没有职业追求，相反，应该倡导员工尤其是青年员工有事业心、有上进心，通过努力工作而成就自我、成就单位。而我们这里讲的自我身份，强调的是员工的职业追求，是值得提倡的。

自我身份主要体现在两个方面，一是事业心，二是上进心。所谓事业心，就是像毛泽东同志赞扬白求恩医生那样，对工作满腔热忱，对技术精益求精，在工作中不断学习，不断进步，成为某一方面的行家里手。现代分工使每一个人的工作变得简单，变得可以按部就班地重复，今天做这件事明天还是做这件事，所以，我们的工作也称为上班，即按部就班。但是，按部就班并不意味着我们的工作可以无所作为，无所进步。正如经济学家亚当·斯密指出的那样，分工的一个重要好处是，我们可以在日复一日、年复一年的重复中对我们手头上的工作不断地思考，不断地总结，不断地改进，最终成为某一方面的行家里手。职场上，许多技能都是分等级的，譬如教师的职称制度，其目的就是鼓励员工有事业心，通过对个人职业目标的追求实现单位目标。

现代社会分工体系中的单位，特别是大的单位，通常都是层级结构的，每个单位、每个层级都有相应的骨干和领导。所谓上进心，就是员工通过自己的努力，逐渐成长为单位的骨干和领导,或者走向单位更高的层级,为单位的发展发挥更重要的作用,做出更大的贡献。事业心和上进心是互相联系的。一般来说,业务骨干容易成为单位的领导,单位的领导也容易走向更高的层级。

总之,工作的目的不仅仅是养家糊口,也是实现自我价值的需要,包括经验的积累、职务的晋升、单位的嘉奖和社会的荣誉等。我们工作的目的,既是"为贫",也是"为道",今天的青年员工不能仅满足于养家糊口,更要有崇高的职业追求。在现代社会,个体的成就感和荣誉感,主要来自工作。如果失去工作,不仅会失去收入来源,也会失去社会地位,这就是失业的悲哀。

孔子讲过:群居终日,言不及义,好行小慧,难以哉。(《论语·卫灵公》)居:坐的意思;言不及义,好行小慧,这里可以理解为胸无大志,耍小聪明。这句话的大意是说,年轻人成天在一起关注一些鸡毛蒜皮的事,天南海北地胡扯,虽然也有文采,也很聪明,但胸无大志,终究是没有什么出息。

孔子这句话告诉我们,交流能力不是孤立的,而是与我们的人生追求包括职业追求联系在一起的。从一定意义上讲,所谓职场交流能力,无非是实现职业目标的一种特殊能力,离开了崇高的职业目标,也就谈不上什么职场交流能力。民间习惯称那种胸无大志的能说会道为"耍嘴皮子""贫嘴",就是这个道理。

晚年的孔子评价自己:愤而忘食,乐而忘忧,不知老之将至。(《论语·述而篇》)临终前还在撰写《春秋》,一生勤奋,追求真理。所以,职场交流不是孤立的技巧,而是实现崇高职业目标的途径,我们这门课程主要是为志向远大的职场青年设计的。

员工的三重身份是互相联系、互相依存的。大体说来,任务身份和团结身份体现了单位对员工的要求,自我身份则体现了员工对单位的期待。员工的三重身份或者单位目标和个人目标在根本上是统一的,单位欣欣向荣,员工的福利待遇就好,个人职业前程就光明;反之,如果单位每况愈下,职工的收入和前途都会黯淡。

我们每一个员工,既要为单位创造价值,也要实现自我价值,而且,实现自我价值是创造单位价值的源泉和引擎。如果员工普遍缺乏事业心和上进心,单位就会无所建树,甚至奄奄一息。任何辉煌的企业和质量过硬的产品,背后都是普通员工的勤奋与智慧,单位的生存状态与员工的精神状态紧密相连。所以,现代管理的一个重要方面,就是努力通过薪酬—晋级激励机制,包括单位文化建设,将个人目标与单位目标紧密连接起来。

职场交流的基本规则是,我们的言行不能与自己的员工身份相冲突。所以,我们评价一位员工的交流能力,主要是看他(她)是不是忠于职守,是不是维护团结,是不是有崇高的职业追求,这是我们评价职场交流能力的根本标准。

更一般地说,言行符合身份是普遍的交流规则。但需要注意的是,我们的身份是由语境决定的,不同的语境下,我们会有不同的身份。不同的语境下,人们对我们有不同的期待,因此,我们会有不同的责任和身份。譬如说,"我是中国人",这种身份在国内交流中几乎不起作用,但在国际交流场合,这种身份就特别突出。例如,一个中国留学生在国外大学的毕业典礼上讲了一些批评祖国空气质量的话,结果引来网民的反感和愤怒,就是不注意特殊语境下的身份,同样的话放在国内交流,虽然也不妥当,但一般来说不会有这样的后果。当然,我们这里不是主张网络暴力,而是强调言行符合身份的重要性。

语境的核心要素是交流对象对我们的期待,职场交流中,尤其要注意语境对我们身份的影响。譬如说,学校领导与普通教师之间一般来说是上下级的关系。但是,当年轻的校领导面对德高望重的老教授的时候,就不能以领导自居而发号施令,这种语境下,双方的年龄、性别和资历等因素就会对身份产生影响。总之,身份是具体的,是因为交流环境的不同而变化的。

第三节 员工服从单位

现实生活中,员工的个人目标与单位目标也可能发生冲突,我们该如何面对这种冲突呢?下面通过一个案例说明这个问题。

案例 1-1 乔布斯被驱逐出苹果公司

苹果公司创立于1976年,史蒂夫·乔布斯(Steve Jobs)是三个创始成员之一。可是,10年之后,也就是1985年,他被驱逐出了自己创立的苹果公司。

当时,乔布斯是苹果公司的董事长,同时也负责公司主打产品的开发,即麦金塔电脑,也就是今天Mac的前身。由于他在开发这款电脑的过程中经常自以为是,搞一些不切实际的设计,导致新开发出来的麦金塔电脑销路很不好,只有预期销量的10%。乔布斯本来脾气就不好,遭遇业绩不佳,更加喜怒无常,动不动就骂人,员工怨声载道,身边的一些业务骨干,包括和他一起创立苹果公司的搭档沃兹尼亚克纷纷辞职。

任务完不成,队伍也要散了,在这种情况下,当时的CEO约翰·斯卡利(John Sculley)决定不让乔布斯继续负责公司管理工作,只担任没有管理权限的董事长,远离公司总部,远离管理层,仅仅负责一个实验室的工作。斯卡利认为,乔布斯点子多,变化无常,为人苛刻,下属无所适从,不适合做管理工作。

乔布斯自认为自己创立了这家公司,为公司做出了重大的贡献,仅仅因为一个项目的失败就要剥夺自己的管理权限,太过分了。而且,斯卡利是乔布斯挖空心思聘请来的总裁,现在居然要自己靠边站,乔布斯当然十分愤怒,打算利用自己董事长的职权解雇斯卡利。在这种情况下,斯卡利向董事会摊牌,要求董事会在两人中做出选择,有他无我。董事会决定支持斯卡利,并告诉乔布斯,必须服从斯卡利的安排,这就是公司的决定。

当时的乔布斯刚满30岁,年轻气盛,无论如何也接受不了这一现实,冲动之下,竟然和自己的亲信一起利用苹果公司的资源私自成立了一家公司,NeXT公司,这家公司也生产电脑,其资源和市场都是苹果公司的,这其中还包括苹果公司的5位资深员工。这一举动彻底激怒了苹果公司的董事会,乔布斯身为苹果公司的董事长,竟然利用苹果公司的资源,私自成立了一家与苹果公司相竞争的公司,这无异于对苹果公司的背叛。苹果公司领导层除了在媒体上公开谴责乔布斯外,还决定起诉他。

为了避免吃官司,乔布斯不得不辞去董事长职务,并且离开自己创立的苹果公司。这里有两个细节,一个是乔布斯准备召开一个记者会,回击苹果公司对他的惩罚。记者们都来了,后来被一位新闻界的朋友劝阻,只是发布了辞职的消息,没有讲苹果公司的坏话。再一个是乔布斯本来打算将辞职信寄送到公司,后来朋友劝他,现在自己理亏,还是要当面送达以示诚意,争取董事会的谅解。

身为董事长的乔布斯被自己创立的公司"扫地出门",是商业史上一个非常典型的案例,对于我们讨论的问题而言,有如下启示。

第一,任何单位都会惩罚与员工身份相冲突的言行。

乔布斯虽然是公司的创始人、董事长,但是他既没有完成任务目标,又破坏了团结,当然要受到公司的处分。事实上,斯卡利比较敬畏乔布斯,面对乔布斯的为所欲为长期犹豫不决,曾遭到董事会的严厉批评,准确地说,是董事会授权甚至是敦促斯卡利处分乔布斯。

这是因为,如果放任员工与单位冲突,赏罚不分,单位就会陷入混乱。不论是什么人,只要言行不符合员工身份,单位必须制止和处罚,这是单位正常运行的重要保障。

第二,任何单位都不能容忍员工的背叛。

任何组织和群体都不会容许自己的成员背叛,即不能容忍员工成为自己的敌人,这是一种普遍的文化现象,没有制度、信仰和阶级的区别。这是因为,员工通常知道自己单位的秘密和弱点,员工的背叛容易对单位构成致命的威胁,任何文化背景下,单位对员工的背叛都非常敏感。乔布斯身为苹果公司的董事长,却利用苹果公司的资源成立一家与苹果公司相竞争的公司,公司领导层理所当然地会发起谴责和诉讼,就算他自己不辞职也会被罢免。

任何理由都不是背叛的借口。尽管后来的实践表明,斯卡利的经营理念和能力并不适合苹果公司,乔布斯才是苹果公司的灵魂,但是,这不能成为乔布斯的言行与自己身份相冲突的理由,公司也不会因此而容忍乔布斯的背叛。在员工与单位的关系问题上,忠于职守是第一位的,中国传统文化尤其看重"忠",道理也在这里。

第三,即使委屈,员工也不要与单位过不去。

明白这一点,对于我们青年员工尤其重要。从理论上讲,单位应该公平公正,善待每一位员工,但现实生活当中,单位委屈员工的现象并不少见,原因很复杂,包括员工可能被误解,单位决策可能失误,领导有好恶、有亲疏,同事之间的竞争难免有小动作,等等。所以,单位不合理、不公正地对待员工的情况时有发生,包括不公正的待遇、不公平的竞争、不适当的处分,或者大材小用、怀才不遇等。即使面对委屈,员工也不要与单位过不去,应做到以下几个方面。

①服从组织。一旦单位做出决定,无论是否觉得委屈,员工都必须遵守。如果需要表达不满和申诉,应该通过单位认可的渠道和形式,否则,容易给人留下与单位作对的印象。解除乔布斯的管理权力,这个处分是否适当,是否"过重",这是工作方法问题,日后还可以改正。但是,是否服从单位的决定则是一个纪律问题,如果员工不服从单位的决定,继续我行我素,则不可原谅。

②忠于职守。尽管单位委屈自己,但只要还是单位的员工,其言行就不能与自己的身份相冲突,必须把自己手头上的工作做好,更不能用妨碍工作和破坏团结的方式发泄不满,与单位作对。否则,就会像乔布斯那样,面临单位更严厉的处罚。

③善待自己。在一个健康的单位里,委屈一般来说是暂时的,不要因为暂时的委屈而放弃自己的职业追求,更不要自暴自弃,不好好工作了。中国古人讲:君子得其时乘势而驾,不得其时蓬累而行。(老子语,参见《史记·老子伯夷列传》)意思是说,人生有顺境,也难免有逆境,单位的委屈就是一种典型的逆境。所谓"得其时乘势而驾",就是顺境的时候,我们要使自己的能量得到充分的发挥。所谓"不得其时蓬累而行",就是逆境的时候,要低调行事,老老实实把本职工作做好,等待机会。蓬,蒿草,"蓬累而行",相当于鲁迅先生讲的"破帽遮颜过闹市"。

④低调退出。在现代社会,员工与单位的关系比较自由,如果自己不适合现在的单位,可以辞职,即解除自己的员工身份,但是,不要因为辞职而攻击原来的单位。所谓低调退出,就是悄悄走人,不要轻易讲原单位的坏话。这是因为,讲原单位的坏话,得罪的不仅仅是原单位的当事人和领导,而是这个单位所有的员工,容易触犯众怒。乔布斯接受朋友的劝告,辞职时没有攻击苹果公司是明智的,这使得他10年后返回苹果公司少了许多障碍,少了许多尴尬。

第四节 《职场交流教程》简介

作为导论,在明确了职场交流的研究对象后,有必要对本教程作一个简要的介绍,以方便大家从总体上把握职场交流这门课程的教学目的、教学内容和教学方法等。

职场中人每天都在交流,职场交流也是一个耳熟能详的术语,然而,就笔者所见,关于职场交流的原理与方法散见于其他学科,专门的职场交流课程和教材并不多见,总体来看,职场交流尚未形成专门的教学领域。所以,本教程的主要任务,就是要在吸收现有研究成果的基础上,开设一门全新的职场交流课程,明确这门课程的研究对象和范围、教学目的、教学内容和教学方法等,并逐步形成相应的知识体系和话语体系,拾遗补缺,以丰富适应社会发展需要的职业教育内容。

一、教学目的

本教程主要是为青年员工包括即将进入职场的青年学生而设计的,其教学目的是帮助青年员工掌握职场交流规则,遵守职场交流伦理,提高职场交流能力,以顺利实现自己的职业理想。

在现代社会,从事任何工作,既要与技术打交道,也要与人打交道。业务工作有规则,与人打交道当然也有规则,包括正式的职场分工规则和非正式的人际关系规则。现实生活中,这两种性质完全不同的规则交织在一起互相作用,会对单位目标和员工个人的职业前途产生重要的影响。

青年人走上工作岗位后,一般能够比较快地适应单位的业务规则和正式的分工规则,但许多人面对非正式人际规则,则容易茫然无措,甚至发怵,认为非正式人际规则是一种"潜规则",既难以把握,又无可奈何。一些技术过硬、业务能力强的青年员工往往因为人际关系紧张而难以充分发挥自己的聪明才智,对非正式人际规则的畏惧和无所适从是一个非常重要的原因。本教程的一个重要任务是,充分揭示非正式人际规则的形成机理和影响机制,使其由"潜规则"变为"明规则",帮助青年员工熟练地掌握这些规则,以成就自己的职业抱负。

伦理这个术语本来很抽象,但放在职场交流的语境下反而更容易理解,所谓职场交流伦理,就是维护团结的交流规则。相对而言,职场交流规则主要是指有利于促进工作和实现自我的原理和方法。

我们都有这样的体会,与周围的人团结(人际关系好),工作就顺利,自己的心情也好;反之,与周围的人不团结(人际关系紧张),工作中会麻烦不断,自己也心情沮丧。职场交流伦理的基本要求是适应他人、尊重他人,包括适应和尊重与我们疏远的人、与我们有分歧的人。要自觉地摒弃那些攻击性、羞辱性的交流方式。人身攻击虽然能逞一时之快,但难免百日之忧,既破坏团结,又无益于工作,既是不道德的,又是无效的交流方式。

交流能力是一个内涵十分丰富的概念[①],抽象地讲,交流能力是有效地、道德地交流的原理和方法的总和,具体到职场交流能力,就是能够促进工作、维护团结和实现自我的交流规则

---

① 2014年,美国一个研究团队(CCG)将交流能力概括为7个方面的能力:1. monitoring and presenting yourself(自我管理和展现能力),2. practicing communication ethics(遵守交流伦理),3. adapting to others(适应他人),4. practicing effective listening(有效倾听),5. expressing messages(表达能力),6. identifying and explaining fundamental communication processes(掌握基本的传播原理),7. creating and analyzing message strategies(创建和分析信息策略的能力)。© 2012;2013;2014 Core Competencies Group(CCG)～page 1 of 18. 这一研究成果得到了美国传播学会(NCA)的认可。

（包括伦理）和方法的总和，所以，掌握职场交流规则和遵守职场交流伦理本身就是职场交流能力的内在要求。从一定意义上讲，本教程各章是从不同的角度、不同层面和不同语境阐述什么是职场交流能力，以及如何提高交流能力。对于刚刚接触这门课程的初学者而言，把握职场交流能力这个概念需要注意以下三个方面。

首先，职场交流能力不是孤立的，而是与我们的职业目标紧密相连。从这个意义上讲，职场交流能力是通过交流实现职业目标的能力，职业目标是决定交流能力的重要因素。后面将会讲到，职业目标不同，我们对外在环境的关注就会不一样，与之交流的人也会不一样，我们的职业成就当然也会不同，没有崇高的职业追求，就谈不上高水平的职场交流能力。

其次，职场交流能力是高度个性化、语境化的能力。我们每个人都不一样，不同的工作岗位对交流能力的要求也不同，所以，不存在适合每个人的交流诀窍。不同的语境下，人们对我们的期待不一样，我们的身份也会随之发生变化，所以，也不存在适合任何语境的交流捷径。

尤其需要强调的是，职场交流的规则和伦理，不同于自然科学的公理和定理，都是相对的、有条件的、有例外的，不能绝对化。譬如，理性而不要意气用事是交流的基本要求，但是，在特殊场合，真情流露和声情并茂却是有效的交流方式，我们从小到大被告知，撒谎是不道德的，然而，在特殊语境下，"善意的谎言"（white lies）却是必要的，等等。孔子讲："过犹不及。"就我们这里讨论的问题而言，所谓"不及"，就是不遵守规则和伦理，所谓"过"，就是将规则和伦理绝对化，说过头话，做过头事，"过"和"不及"都是交流能力不足的表现。

最后，交流能力需要在实践中自觉地训练。我们虽然没有系统地学习职场交流知识，但这并不意味着我们的职场交流能力是"零基础"，这是因为，即使是青年人，也是在与人交流的过程中成长起来的，会自觉不自觉地积累许多人际交流的知识和经验，只不过是某些方面的能力欠缺一些、薄弱一些。作为一本职场交流教材，当然希望面面俱到，但具体到我们每个人，则各有所长，要在全面掌握职场交流知识的前提下，着力补齐自己的短板，在实践中加强薄弱环节的训练，以满足工作岗位对我们交流能力的要求。譬如说，如果私下交流顺畅但公开交流有障碍，就要加强公开交流能力的训练，如果与同事关系融洽但畏惧与领导交流，就要想办法克服这一障碍，如果口头表达能力强但书面表达能力欠缺，就要加强写作能力的训练，等等。

职场交流能力包括规则（伦理）和技能两个层面的能力。有西方学者将交流能力区分为knowledge（知识）、sensitivity（悟性）、skills（技能）和values（价值观）四个方面的能力，大体说来，交流的知识和价值观相当于我们讲的规则和伦理，是可以通过课堂教学掌握的，而交流技能则是适应具体语境选择和运用交流方法的经验（悟性）和能力，需要通过实际训练才能掌握。但凡技能，都需要训练，交流技能如同烹饪和驾驶技能一样，都需要身体力行的训练。本教材提供了多个案例，可以作为交流技能训练的参考资料，每章的"练习与思考"中包含有案例讨论和思考题,也是一种技能训练。

二、教学内容

本教程的教学内容主要包括四个部分,即导论、职场亲疏、领导与跟随、信息与意义。

1. 导论

导论即第一章,该章的主要任务是定义职场交流,确立职场交流的根本规则,构建职场交流课程的知识体系。从传播学的角度看,职场交流是一种特殊语境下的交流,将职场交流定义为以员工身份进行的交流,基本上界定了职场交流的研究对象和所要解决的现实问题,能够将职场交流与其他语境下的交流区分开来。

从概念上讲,职场交流包括单位内交流和单位外交流(图1-1)。单位内交流就是单位内员工之间的交流,单位外交流则是员工代表所在单位与其他单位和个人之间的交流,主要包括与客户的谈判,与政府、媒体和公众的互动等。

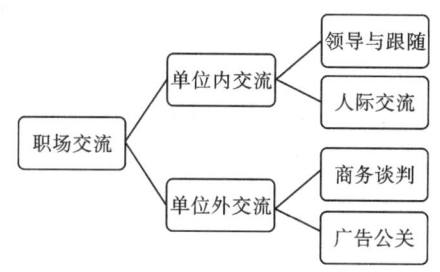

图 1-1　单位内交流与单位外交流

单位内交流的本质特征是领导与员工之间的交流,或者说上下级之间的交流。单位实际上是一个合约,单位内事无巨细,都交由领导决策和指挥,所以,在单位内,即使是同级别员工之间的交流,也受上下级关系的影响。单位外交流则是平等主体之间为达成合作而进行的交流。经济学创始人亚当·斯密说过,两条狗不会交换骨头,而人能够交换产品。这句话既是市场交易的要义,也是单位外交流的要义,市场经济也是交流经济,所以,单位外交流也可以称为市场交流。

单位内外交流是两种性质不同的交流,有不同的交流规则和伦理,需要不同的交流能力。单位内交流的核心是服从,包括员工服从单位,下级服从上级,而单位外交流的核心则是合意,需要交流的双方两厢情愿。就员工个人而言,单位外交流需要单位的授权,其交流结果也需要单位认可。比如说,商店的营业员与顾客打交道是单位外交流,而与同事和领导打交道,则是单位内交流。而且,营业员与顾客打交道不能自作主张,需要单位的授权和认可。相比较而言,员工的职业前途更受单位内交流的影响。

考虑到单位外交流已经有了许多成熟的课程,如市场营销、商务谈判和广告公关等,所以，本教程研究的职场交流，主要是指单位内交流，单位外交流也会涉及，但不再详述，或者说，职场交流课程的研究范围主要限于单位内交流。

2. 职场亲疏

在单位内，人与人之间既有正式的制度安排，又有自发形成的人际亲疏，正式的制度安排和非正式的人际亲疏交织在一起，互相作用互相影响。这一部分包括四章（第二～五章），主要讨论职场上人际亲疏的形成机理、对单位目标和员工职责的作用和影响、建立健康有效人际关系的基本规则和伦理等。

第二章主要讨论职场上人际亲疏的性质、作用和形成机理。非正式的人际亲疏对正式的制度安排既有积极作用，也有消极作用，职场交流的任务是充分发挥人际亲疏的积极作用，避免其消极作用。因为人际亲疏是通过人际交流形成的，所以职场交流能力是普遍的职业能力，这一章相当于职场亲疏部分的导论。第三章分析了影响人际亲疏的主要因素，主要包括亲和力、适应性和顺从等，情感的自我控制和管理是有效地、道德地交流的重要保证。第四章是本教程的重点和难点，也是本教程的主要学术创新，这主要体现在如下两个方面。第一，交流不是孤立的，而是单位及其员工运用集体智慧积极应对环境变化，所以，评价交流的成败关键是看能不能通过交流促进环境向期待的方向变化，实际交流中，客观环境是我们识人断事的基本依据。第二，具有概率性（确定性）的群体行为同具有能动性的个体行为是完全不同的客观对象，要避免用群体行为的概率性推断个体的能动行为。职场交流主要是个体的行为，所以，把握分寸和留有余地是重要的交流能力。从这个意义上讲，职场交流课程总体上说来属于人文学科的范畴。第五章主要分析了非亲密关系交流的规则和伦理，其中心思想是，人际亲疏不得与员工身份相冲突，这就需要自觉地管理人际亲疏，避免无效交流，形成健康有效的同事关系、同志关系。

人际亲疏是一种非正式的客观存在，无论是对于员工个人还是单位的发展都有着重要的影响。本教程这一部分较为全面系统地阐述了职场上人际亲疏的性质、机理、作用以及基本规则和伦理，对于员工的职业前途和单位的管理具有重要的现实意义。

3. 领导与跟随

这一部分由第六章和第七章组成，分别从领导与下级的角度讨论了上下级交流的特殊性以及应该遵循的规则和伦理，从一定意义上讲，也是从传播学的角度观察和分析职场中的上下级关系。第六章分析了领导履行职责的基本原则和方法，第七章分析了领导的支持对于青年员工成长的重要性以及下级有效跟随领导的规则与伦理，最后用案例讨论了群体决策中有效互动的基本特征。

有单位就有领导，上下级之间的交流是职场交流中的特殊现象。上下级关系虽然说是一种正式的制度安排，但人毕竟不是机器，无论是领导还是员工，都会有亲疏好恶，职场亲疏关系一是影响领导和员工的积极性和创造性,二是影响正式的制度安排,这种影响包括积极的影响和消极的影响。因此,职场交流的核心是领导和员工既要履行职责,又要彼此照顾到对方的亲疏好恶,充分发挥职场亲疏的积极作用,减少乃至避免其消极作用,形成既有统一意志又有个人心情舒畅的干群关系,顺利实现单位的任务目标和团结目标。

4. 信息与意义

这一部分即第八章。如何运用语言实现自己的交流目的,是任何形式的交流都面临着的课题,因而是所有交流(传播)课程都不可缺少的重要内容。

这一部分立足于传播学研究的新进展,对语言与意义、事实与意义的关系进行了新的阐述,也是本教材的重点和难点。其要旨是,我们对外在对象(包括客观事实和媒介信息)的主观期待是借助语言的构建性实现的。无论是对客观事实还是媒介信息生成意义,都要有利于促进工作,维护团结,避免无谓的冲突。没有脱离信息而存在的意义,语言能力始终是重要的交流能力。

三、教学方法

就教学方法而言,本教程有三个明显的特点:一是立足于解决实际问题,二是弘扬中国传统文化,三是注重案例教学。

1. 立足于解决实际问题

经过半个世纪的锤炼,传播学已经形成了成熟的知识体系和话语体系。在这个体系当中,职场交流作为一种特殊语境下的交流虽然经常被提及,但尚未形成独立的学术领域和教学领域。开设一门独立的职场交流课程,可以有两种思路:一是借助现有的传播学知识体系和话语体系,将分散于多个学科的职场交流研究成果组织起来,形成一个独立的研究领域,西方的组织传播研究遵循的主要是这种思路;二是不拘泥于现有的知识体系和话语体系,从职场交流的实际需要出发,形成既能解决现实问题又能反映中国传统文化的知识体系和话语体系。

单位与员工的关系、员工之间的关系包括上下级关系以及语言与意义的关系等,虽然不一定是职场交流的全部,但都是青年员工面临的实际问题,帮助大家正确认识和处理这些问题是本教程的根本任务,至于职场交流知识体系的完备性和自洽性等,有待于在教学实践中逐渐完善。

传播学最为重要的学术贡献是效果导向,即观察和分析传播现象的出发点和归属是看传播效果。具体到职场交流,就是员工的言行不能与单位目标和员工身份相冲突,评价职场交流成败的根本标准是促进工作、维护团结和实现自我,单位目标和员工身份是职场交流的核心概念。从这个角度看,本教程虽然是问题导向的,但就其学科属性而言,仍然属于传播学的范畴。

2. 弘扬中国传统文化

越来越重视文化对传播行为的影响,是传播学研究和教学的一个重要趋势,新世纪以来的传播学教材,一般都设有专门的章节,分析文化对传播的影响。

事实上,传播或者交流本身就是一种文化现象,不同的文化有不同的交流理念、习惯、禁忌、规则和伦理等,文化差异往往直接表现为传播或者交流行为的差异。当然,不同文化背景下的交流既有差异,也有共性,虽然目前的传播学总体上来看是以西方文化为背景的,但这并不意味着西方文化就等于共性,历经数千年传承的中国传统文化仅仅是共性的特例。譬如说,西方文化比较看重群体行为的确定性,而中国传统文化则比较关注个体行为的能动性。群体行为的确定性和个体行为的能动性都是客观存在的,在不同的语境下发挥着不同的作用,对特殊文化背景下的交流研究越深入,对交流的共性认识才会越深刻,越全面。

本教程的任务不是阐释国学和评价古人是非,而是着眼于传统文化对今天职场交流的影响。譬如,无论是否知道"不在其位,不谋其政"这句话的来源,甚至是否听说过这句话,大多数中国人都不会喜欢"岔巴子"(武汉方言)。再譬如,孟子关于工作动机的"为贫"与"为道"之分,西方也有类似的观点(参见第六章)。中国传统文化倡导的许多规则和伦理对于今天的职场交流仍然是有效的,仍然在影响着今天中国人的思想观念和行为方式。当然,传统文化的影响有积极的,也有消极的,但是,正视传统文化影响是一种客观存在,是鉴别精华和糟粕的前提。弘扬中国传统文化,正视中国人行为的客观特征,是促进传播学本土化研究的有效途径。

3. 注重案例教学

本教程收集整理了多个案例(不包括作业中的案例),其中,一部分案例采集自中国历史上的经典文献,另一部分案例是史蒂夫·乔布斯的职场经历,均根据《史蒂夫·乔布斯传》(沃尔特·艾萨克森著,管延圻等译,中信出版社,2011年版)整理编撰而成,不再另行加注。之所以选择乔布斯作为案例,不仅因为他是优秀的企业家,更在于他个性鲜明,阅历丰富,职场生涯起伏跌宕,为职场交流提供了宝贵的经验教训。这些案例的构成力图使职场交流的教学既有国际经验,又有中国特色,既有现实针对性,又有文化归属感,以充分展示职场交流规则和伦理的普遍性。

需要强调的是,这些案例不仅仅是职场交流原理的例证,本身就是相对独立的教学内容。本教程对于某个案例的解释都是基于特定目的而生成的意义,换一个语境,这个案例会呈现出不同的意义。譬如,在这一章,案例1-1主要是用来说明员工与单位的关系,然而,这个案例也可以用来说明如何面对冲突、面对过错,如何处理上下级关系,还可以用来解释正式的制度安排与非正式的人际亲疏之间的互相作用等。教学中要注重培养学生融会贯通的能力,善于适应语境生成意义的能力。

如前所述,这些案例是交流技能训练的重要参考资料,每个案例都包含着特殊语境下的具体交流技能,譬如,在案例1-1中,乔布斯委屈之下不说"老东家"的坏话,逆境之下送达辞职信以示歉意等,都是特殊语境下的具体交流技巧。教学中要引导学生提炼和总结案例中所包含的交流技能,引导学生自觉地加强交流技能的训练,使职场交流教学更贴近学生的实际。

4. 编写体例与参考资料

本教程共分八章,每章有一个简短的开场白,主要介绍本章所要解决的现实问题及本章的中心思想、基本思路和教学目的等,方便读者从总体上把握整章的教学内容。每章结尾附有基本概念、基本观点和练习与思考。基本概念和基本观点是本章教学内容的总结,练习与思考经过精心设计,既是本章教学内容的复习和运用,也是本章教学内容的继续和深化,一些题目尤其是案例讨论没有标准答案,需要在老师的指导下,帮助学生开拓视野,锻炼举一反三的能力。

本教程后面附有主要参考文献,供读者进一步阅读和思考。作者在中国大学MOOC(慕课)(icourse163.org)平台上有一门"说话与倾听"课程,该课程主要为在校大学生而设计,有兴趣的读者可以将其作为先修课程而选修。此外,作者还有一个名为"说话与倾听"的微信公众号(ID:yuruixiangcug),里面有一个"职场交流"的合集,会不时更新职场交流的教学心得,回应读者的反馈,欢迎有兴趣的读者关注、互动。

职场交流是成年人普遍的生活方式,开设一门相应的课程,帮助青年员工提升自己的交流能力,实现自己的职业抱负,显然是一件有意义的事情。然而,限于作者的思想境界和知识水平,课程初创阶段难免单薄、粗糙和错漏,作者热切期待读者对本教程的积极反馈,共同促进职场交流的研究和教学水平不断提升。

基本概念

职场交流、单位、员工、任务目标、团结目标、身份、语境、任务身份、团结身份、自我身份、单位内交流、单位外交流、职场交流规则与伦理、职场交流能力。

基本观点

(1)职场交流是以单位员工身份进行的交流,包括单位内交流和单位外交流,本教程主要研究单位内交流。

（2）任何单位都有完成任务和维护团结的双重目标，团结不仅是完成任务的保证，还是具有独立价值的目标，在现代社会，任何单位都有责任和义务维护员工的权益。

（3）员工是在单位内承担一定职责的个体，既要履行职责，又要维护团结，并且在这个过程中实现自己的职业追求，员工的三重身份体现了单位目标和员工个人价值的统一。

（4）职场交流的基本规则是，员工的言行不能与自己的员工身份相冲突，即使在单位委屈员工的情况下也要遵循这一规则，包括服从组织、忠于职守、善待自己和低调退出等。

（5）本教程的教学目的是帮助青年员工掌握职场交流规则，遵守职场交流伦理，提高职场交流能力，以顺利实现自己的职业理想。

（6）本教程的教学内容主要包括单位与员工的关系、单位内人际关系、单位内上下级关系以及信息与意义的关系等。

（7）本教程的教学方法特征是立足于解决实际问题，弘扬中国传统文化和注重案例教学等。

练习与思考

1. 指出下列观点哪些是正确的，哪些是错误的，并简要说明理由。

（1）职场交流是以单位员工身份进行的交流。

（2）单位就是社会分工体系中的法人组织。

（3）"不在其位，不谋其政"既是员工任务身份的要求，也是团结身份的要求。

（4）我们的身份会因为语境不同而变化。

（5）年轻人遇见看不惯的人和事，应该大胆地讲出来。

（6）员工的荣誉和地位都来自单位，所以，我们离开了所在单位，会变得一无所有。

（7）校长是学校的法人代表，可以自主决定学校与谁合作。

（8）评价一个员工的交流能力，主要是看他能不能流畅表达和是否善于倾听。

（9）不同的文化背景下，交流的规则和方法不完全一样。

（10）领导面对普通员工，应该一视同仁，采取相同的交流方式。

2. 为什么毛泽东同志要求我们的干部要关心每一个战士，一切革命队伍的人都要互相关心、互相爱护、互相帮助？

3. 如何理解"位卑而言高，罪也；立乎人之本朝而道不行，耻也"？

4. 案例讨论

学校给陈伟老师所在的学院分配了一个年度优秀指标，如果评上优秀，不仅可以获得一笔丰厚的奖金，对日后的职业前途也会产生重要的影响。陈伟今年教学科研成绩突出，有目共睹,同事们都说,今年的优秀非陈伟莫属。但评选结果出人意料的是胡老师,陈伟非常失望。

学院办公室刘秘书私下告诉陈伟:"本来大家都一致推举你的,但院长说你还年轻,以后还有机会,执意将这个优秀指标给了即将退休的胡老师,胡老师虽然也符合条件,但比起你来差远了。你可以向学校领导反映,太不公平了。"

问题1.你认为院长的决定合理吗?为什么?

问题2.你认为刘秘书的行为合适吗?为什么?

问题3.如果你是陈伟老师,该如何面对这一结果呢?

第 二 章

交 流 与 亲 疏

第二章至第五章讨论职场亲疏,也就是考察和分析职场人际关系,主要是单位内的人际关系。本章是讨论职场亲疏的导论,包括三节,分别讲解人际亲疏、人际信用和圈子。其中心思想是,职场亲疏是在人际交流中自发形成的客观现象,对单位的发展和员工的职业前途有着重要的作用和影响。我们既要充分发挥职场亲疏的积极作用,也要警惕职场亲疏的消极作用。通过本章的学习,应该重点掌握以下知识。

(1)与人亲密是重要的精神需要,与之相联系的人际信用是重要的人力资源和管理资源,但也要警惕人际亲疏对单位目标和员工职责的消极影响。

(2)获得亲密和信用的根本途径是不断提高自己的交流能力。交流能力包括表达能力和倾听能力,是任何职业都不可或缺的职业能力,评价交流能力的根本标准是交流的效果。

第一节 人际亲密

今天的年轻人比较熟悉人际关系这个术语,而对人际亲疏这个术语则可能比较陌生。实际上,古代没有人际关系的概念,只有亲疏的概念。

一、人际亲疏

亲疏这个术语在字面上很好理解,所谓亲,就是亲近、亲密;所谓疏,就是生疏、疏远。亲和疏是反应个体之间情感依赖程度的一对范畴,譬如说你和我之间,如果在情感上互相认同,彼此依赖,就是人际亲密。我们对亲密的体验是,你我在一起时很开心,不在一起的时候彼此想念,我们彼此之间有亲切感。如果你对单位的某个同事有亲切感,说明你们之间比较亲密,而且,亲切感越经常、越持久,两人的关系就越亲密。

相反,如果我对你不熟悉,甚至不认识,你的言谈举止不会引起我认同你,喜欢你,甚至你的存在不会引起我的任何情感反应,这就是人际疏远。简单地说,疏远就是彼此之间少有甚至没有情感上的共鸣。实际生活中,相处一室却缺乏情感依赖,称为形同陌路,也就是人在一起但在情感上彼此孤立。

实际上,人际关系这个术语,主要就是指个体之间的情感依赖。现实生活中,我们说两人关系好,意味着双方比较亲密;关系一般,则是比较疏远;如果说关系很糟糕,则可能是彼此怨恨。换句话说,人际关系只能用亲疏来定义,甚至可以说,人际亲疏比人际关系更准确、更直白、更接地气,所谓职场亲疏,相当于我们平时所说的职场人际关系。

需要注意的是,职场亲疏不同于产生于职场分工而形成的权利义务关系,前者是交流中自发形成的情感好恶,而后者是与员工身份相联系的正式制度安排。譬如说,老师对待一个班级的学生难免有亲疏,但老师不能因为亲疏而区别对待学生,否则就会与自己的身份相冲突,严重的话,就会受处分。同样地,领导与身边的员工也可能会亲疏不一,但领导不能因为亲疏而徇私枉法。这也告诉我们,现实生活中,职场亲疏会影响我们履行职责,这也是我们需要研究人际亲疏的重要原因。

职场上,我们与周围的人亲疏不一。譬如说,即使在同一个办公室里,我们与其中的一些人比较亲近,可以无话不谈;而与另外一些人则比较疏远,不怎么打交道,甚至是不愿意打交道。德维托教授将这种亲疏不一的现象用一个数轴表达出来,我们不妨称为人际亲疏序列,如图2-1所示。

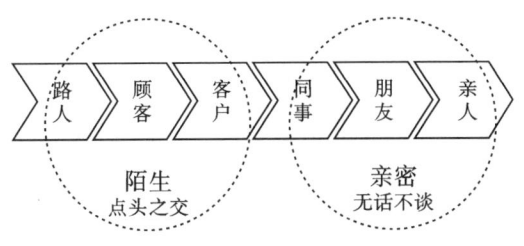

图2-1　人际亲疏序列①

需要强调的是,虽然我们定义了亲密和疏远,但正如人际亲疏序列所显示的那样,在亲密和疏远之间,还有许多中间状态,这些中间状态之间并没有明确的界线和标识。譬如我们可以感觉到自己与同事张三亲密一些,与李四疏远一些,但具体区别是什么,这种区别有多大,很难定量地表达出来。后面我们将会讲到,微妙的人际关系是人文学科特有的现象,是不能像自然科学一样用数学精确地表达出来的,这就要求我们认识和处理人际关系需要把握分寸和留有余地。

二、信息与交流能力

职场亲疏,或者说人际亲疏,不是制度安排的结果,而是交流过程的产物。

所谓交流,就是社会成员之间的信息分享。英文"communication"这个术语,学术界一般翻译为"传播",但在现代汉语里,传播这个术语有广而告之的意思,因此,将"interpersonal communication"翻译为人际交流,显然比翻译为人际传播更为贴切,更为大众化。

信息(message)是刺激我们发生反应的信号、符号。人类交流的主要信息是语言,包括书面语言、口头语言以及身体语言,今天,视频、图片和表情符号等也成为我们日常交流的重要信息形式。简单地说,人与人之间,所有能够引起我们产生反应的刺激都是信息,刺激即信息。譬如说,你对我笑脸相迎,我会非常开心,并以微笑回馈你,这里,双方的笑脸就是信息,你的言行刺激了我,我的反应同样会刺激你。从这个意义上讲,交流就是社会成员之间的刺

---

① 参见约瑟夫 A.德维托著,余瑞祥等译:《人际传播教程(第十二版)》,中国人民大学出版社,第8页,2011年版。

激—反应过程。

交流中的信息会刺激我们发生反应,即产生态度和行为的变化。双方因为交流而变化,这就是交流的效果,我们期待的效果就是交流的目的。比如说,年轻员工迎面遇见不熟悉的领导,往往会纠结,要不要打招呼,要不要向领导表达自己的请求呢?这里,犹豫是因为我们对交流的效果没有把握。领导会回应我吗?会满足我的要求吗?会不会因此对我形成不好的印象呢?诸如此类。

评价一次交流是否成功,主要是看效果,交流的目的达到了,交流就是成功的,如果目的达不到,交流就是不成功的,如果事与愿违,交流就是失败的。交流要有目的,要注意效果,这是传播学的重要贡献。这也提醒我们,无论是发出信息还是回馈信息,都要有明确的目的,要权衡效果。交流不是孤立的,而是与我们的职业目标紧密相连。一个人事业上一无所成,很难说有什么了不起的交流能力,因为这个人的交流没有取得积极的效果。

个体的交流能力包括表达能力和倾听能力两个方面,这里,交流的效果仍然是核心要素。评价一个人的表达能力,不仅仅看激情,看文采,更重要的是看他说的话能不能影响他人的态度和行为。现实生活中,有些人口齿伶俐,能说会道,但周围的人并不买账;相反,有些人虽然口舌笨拙,但人们对他的言行格外重视。当然,这不是说激情与文采不重要,而是强调表达能力本质上是一种影响他人的能力,文采与激情要体现在实现交流的目的上,没有影响力的表达是无效的表达,影响力越大,表达能力越强。

同样,判断一个人的倾听能力,不是看他听没听,而是看他听进去了没有,效果怎样等。譬如,在课堂上,有些同学不迟到、不早退,上课认真做笔记,但一堂课下来,对老师讲的内容不甚了了,对老师布置的作业一脸茫然,这堂课显然就是无效的。现实生活中,有些人表面上唯唯诺诺,甚至讨好卖乖,但行动上不会因为交流而有任何改变,与这种人的交流基本上是无效的。

表达和倾听是一枚硬币的两个方面,甚至可以说是互相包含的,表达通常是倾听后的反馈,是倾听的一个环节;同样,我们听不听,是不是在认真听,也是一种表达。相对而言,表达是发出影响他人的信息,表达能力是影响他人的能力;倾听是接受影响自我的信息,倾听能力是实现自我进步的能力。

三、信息分享

信息不像馒头,你吃了我就没有,虽然我将某个信息告诉了你,但我仍然拥有这个信息。所以,我们说交流信息是分享。

信息分享的含义是,人们因为交流而彼此认识,彼此熟悉。如图 2-2 所示,你我之间会因为交流而形成一个交集,这个交集代表彼此知道的自我,称为分享的自我,或者开放的自我。

交集之外是彼此不知道的自我,隐藏的自我,即隐私。

两个陌生人,不会有交集,也就是没有分享的自我,彼此之间都是隐私,所谓知人知面不知心。一旦有了交流,彼此互相了解,就会形成交集,即分享的自我。所以,中国人称交流为谈心,即通过交流而了解彼此的内心世界。

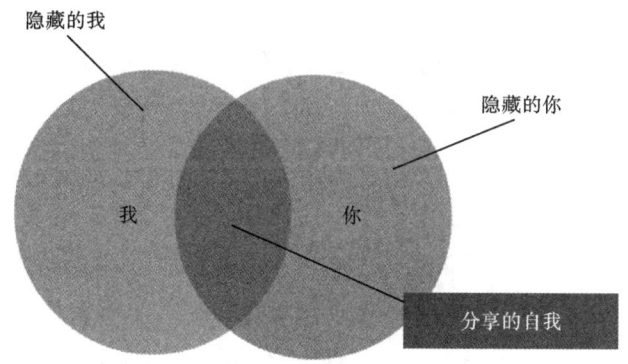

图 2-2　信息分享

交流之所以重要,或者说信息分享之所以重要,在于人们会因为交流而熟悉,因为熟悉而互相信任。所谓信任,就是你的行为可以期待,你实现了我的期待,我会认为你靠谱,我信任你,有安全感,才可能合作(图 2-3)。人与人之间的信任感、安全感一定是交流的产物。譬如,我们不愿意借钱给陌生人,因为我们对陌生人的行为无可期待,更谈不上安全感。

经常交流则亲,亲而有信;缺乏交流则疏,疏必存疑。虽然说交流不一定导致亲密,但亲密一定是交流的产物,而且,亲密通常与充分的交流相伴随。所以,我们将青年男女相爱的过程称为谈朋友,谈恋爱。所谓"分手",就是终止交流,回到疏远。

图 2-3　交流是合作的途径

人与人之间的亲切感、信任感和安全感等,看不见,摸不着,但在现实生活中客观存在并且发挥着极其重要的作用。而且,这些东西爹妈给不了,金钱买不到,唯有通过交流才能实现。交流能力是一种普遍的职业能力,任何职业都不例外,这是我们研究和学习职场交流的重要原因。

第二节　人际信用

与人亲密,是我们每个人的正常心理需要,即爱的需要。与亲密的人在一起,我们胆子会更大一些,决策会更有底气,行动会更加果断。相反,如果没有亲密的人,我们就会感到孤独无助,举目无亲。一旦亲密关系破裂,我们难免有沮丧感和挫败感,现实生活中,失去亲人、失去朋友容易使人情绪低落,甚至行为极端。

人与人之间会因为亲密而互相顺从,互相帮助,我们将与亲密相联系的互相帮助称为人际信用,以与公共信用相区别。

顾名思义,所谓信用,就是因为信任而提供的帮助。公共信用是基于规则的信用,比如,到银行贷款就属于公共信用,需要按规则办事,银行要审查贷款人的资质条件,包括信誉、偿还能力和担保条件等,只有银行信任贷款人,贷款人才能得到银行的帮助。单位给员工提供困难补助,也是一种公共信用,只有符合规定的员工才可以享受。古人讲"童叟无欺",就是为了取得消费者的信任,也是一种信用。总之,公共信用需要遵循公共规则,服务的对象是满足规则要求的人群。

相反,人际信用则是因为亲密而产生的帮助,因为亲密而信任,因为信任而互相帮助,不需要规则,只会发生在亲密的人之间。这里所说的帮助不仅仅是物质上的帮助,还包括精神上的支持,如顺从、推荐、投票、赞美甚至以身相许等。

人际信用和公共信用还有一个重要的区别是,人际信用不是交易,即使是互相帮助也不是等价的。古人讲"士为知己者死",指的就是与亲密相联系的互相帮助通常没有功利性,不是投资,不是交易,而是一种实现心理满足的付出。因为亲密而互相帮助,会给我们带来心理上的满足感,包括成就感、欣慰感、崇高感和牺牲感,等等。比如,父母抚养子女通常不是指望子女将来养老,而是一种责任感,会在子女成长过程中感到欣慰,获得成就感;职场上,领导为员工出头,员工为单位加班加点地工作,都会伴随着责任感和荣誉感,如同战场上士兵出生入死,往往是受崇高的使命感和牺牲感驱使一样。相反,一个人赚了许多钱却没有知心人分享,也是一种悲哀。

现实生活中,公共信用与人际信用同时存在,相得益彰。需要强调的是,人际信用并不是中国独有的现象,譬如西方一些大学录取研究生,虽然学校都有录取学生的标准和规则(公共信用),但通常还需要教授个人的推荐,也就是要充分发挥人际信用的作用。现实生活中,我们都觉得熟人好办事,就是因为熟人之间有信任感、安全感,相对于单纯的公事公办,会多一份温情,多一份顺畅。

当然,人际信用也有可能会损害公共信用,如开后门、人情贷款、徇私枉法等,我们既要发挥人际信用的积极作用,又要防范人际信用的消极作用,但不能因为人际信用的消极作用而否定人际信用,它是社会交往中的一种客观存在,并且发挥着公共信用不可替代的作用。与人际亲密相联系的人际信用是一种宝贵的人力资源、管理资源,下面讲两个案例。

案例2-1 两个史蒂夫创立的苹果公司

今天世界上著名的苹果公司,源于两个史蒂夫[即史蒂夫·乔布斯(Steve Jobs)和史蒂夫·沃兹尼亚克(Stephen Wozniak)]于1976年创立的公司。当时,乔布斯20岁刚出头,沃兹尼亚克比乔布斯大5岁。沃兹尼亚克负责编写电脑程序,乔布斯把这个程序装到盒子里面,配上电源把它卖出去,所得收入二人对半分配。

当时,沃兹尼亚克的父亲认为,自己儿子的贡献更大,应该多得一些,没有电脑程序,也就没有苹果电脑,乔布斯的工作不需要什么技术,对半分配太不公平。

乔布斯当然不乐意,说如果不是对半分账,就没有必要合作了。沃兹尼亚克也没有同意父亲的意见,他觉得二人是朋友,现在的合作很愉快,如果没有乔布斯,自己编写的程序再好也不能变成金钱,而且乔布斯做的事情是他不会做,甚至是不愿意做的事情。因此,他们继续保留这种平均分配分配。

苹果公司是基于亲密关系而创建的公司。这个案例告诉我们,这种建立在人际信用基础上的合作,比基于公共规则的合作更融洽、更灵活、更有效率。如果两个人非要评价贡献的大小,按规则办事,斤斤计较,那么这个公司很有可能办不起来。

随着苹果公司的日益壮大,特别是苹果公司上市之后,乔布斯因为善于与人交流,逐渐成为苹果公司的灵魂人物,而沃兹尼亚克不太喜欢与人交流,畏惧甚至厌恶人际冲突,他只是想搞技术,在公司内逐渐被边缘化。今天,人们经常将乔布斯与苹果公司相提并论,而另一个沃兹尼亚克则几乎被人遗忘。职场上,越是高层,职场交流能力就越重要。人际信用不仅是宝贵的人力资源,也是宝贵的管理资源。

案例2-2 疏不制亲

春秋时期,齐桓公让管仲管理国家,管仲推辞道:贱不临贵。

管仲这里讲的贵贱,是指上下级关系,下级为贱,上级为贵,和今天的含义不完全一样。贱不临贵的意思是,我无职无权,号令不了大家。齐桓公说,这好办,我任命你为上卿。上卿,相当于首相,也就是最高行政长官了。过了一段时间,国家没有起色,齐桓公问怎么回事。

管仲辩解道:贫不使富。意思是说,我虽然贵为首相,但人穷说话没人听,有钱人仍然瞧不起我,号令不动。齐桓公觉得也有道理,于是就把齐国市场上所有的租金交给管仲支配,也提高了管仲本人的收入。管仲当了丞相之后生活是很奢华的,这一点孔子后来有过批评。

如果说"贱不临贵"要求的是名分,有职有权,"贫不使富"则要求的是财权,也就是要有行使管理权力的物质条件。又过了一段时间,国家依然没有大的变化,齐桓公质问管仲,你要名分给你了,要钱也给你了,国家怎么还是这个样子?

管仲又向齐桓公叫苦:疏不制亲。意思是说,我面对普通官员和老百姓没有问题,但是遇到皇亲国戚,也就是遇到与齐桓公关系亲密的人,我说话就没人听了,疏不制亲,即与国君疏远的人管不了与国君亲密的人。

齐桓公觉得有道理,就拜管仲为仲父,也就是拜管仲为干爹,以父亲相待,使其成为自己的亲人。自此之后,管仲说话就没有人敢不听了,因为君王对管仲以父亲相待,那管仲的意见就是齐桓公的意见,所以,朝廷上下,服服帖帖。史书记载,自此之后,齐国大安,遂霸天下。

春秋时期,周朝中央政权薄弱,各地诸侯自行其是。齐桓公当政期间,大家都听齐国的,所谓齐桓公"南面而称伯"。南面,相当于我们今天说的首席,C位。伯,老大的意思,称伯,就是称霸于诸侯。这个过程中,管仲功不可没。

但孔子认为,管仲虽然能干,但如果没有齐桓公提供的三个条件,他也不可能使齐国成为强国。原话是:管仲之贤而不得此三权者,亦不能使其君南面而称伯。孔子将职务、财权和亲密并称为"三权",足见人际亲密在职场管理中的重要作用。即使在今天,正式的制度安排也不能完全排斥人际亲疏的作用。在一个单位,无论一个人本领有多大,如不被单位视为自己人,就难有作为。

第三节 圈 子

职场亲疏会产生自己人与外人的区别,这就是我们经常所说的"圈子",关系亲密的人会彼此视为自己人,有明确的"我们"意识,或者说,圈子就是一群互相认同为"我们"的人,圈子成员对"我们"有不同程度的依赖感和归属感,相对疏远的人则会被"我们"视为外人,如图2-4所示。

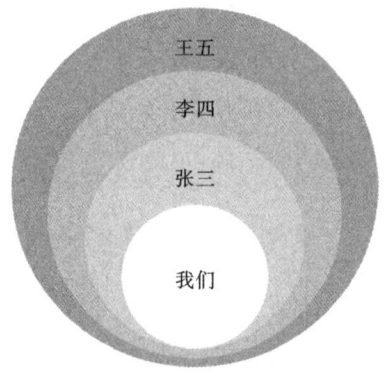

图2-4 "圈子"

一、圈内交流与圈外交流

交流产生亲疏,亲疏约束交流,圈子内外的交流方式有明显的区别,总的来说,圈内交流是坦诚的,圈外交流是礼貌的。

圈子是交流的产物,通常圈子内部交流广泛,信息分享充分,彼此熟悉,知心知己,所以交流方式是比较直白的,直截了当,无拘无束。圈子内部可能有领导,有普通员工,有上级、有下级,但圈内交流不太拘泥于身份,多以朋友相待。圈内交流是可以情绪化的,好恶溢于言表,即使言语不当,有所冲撞冒犯,朋友之间也不会太计较,这种无拘无束的交流通常伴随着知心知己的满足感。

圈外交流是非亲密关系的交流,需要注意礼貌。现代汉语里的"礼貌"这个术语很形象,就是以礼待人的外貌。礼貌的交流方式主要包括两个方面,一是言行举止要照顾到彼此的身份,符合大家认同的交流规则,比如说尊重领导、尊重长辈、尊重女性等;二是要控制自己的情感,批评要注意方法,照顾对方的情面,尤其是要避免流露出消极情感,诸如愤怒、厌恶、瞧不起人等。消极情感具有很强的攻击性和羞辱性,容易刺激对方非理性反应,而且很难像圈内一样被人原谅。总的来说,圈内交流无拘无束,圈外交流则是有所拘束的。

传播学家沃尔森用一条曲线表达亲密与礼貌的关系,称为沃尔森拱形,如图2-5所示。完全陌生的情况下,大家无所谓礼貌,在一起共事,但是关系又不怎么亲密,这时尤其需要注意礼貌,随着关系走向亲密,礼貌的成分逐渐减少。这个图形是有现实依据的,如果互相亲密的人过于礼貌,繁文缛节,反而显得生分。

亲疏与礼貌的这种关系告诉我们,交流能力是高度语境化、个性化的能力,不存在适合于任何人的交流诀窍,也没有适合任何语境的交流捷径。

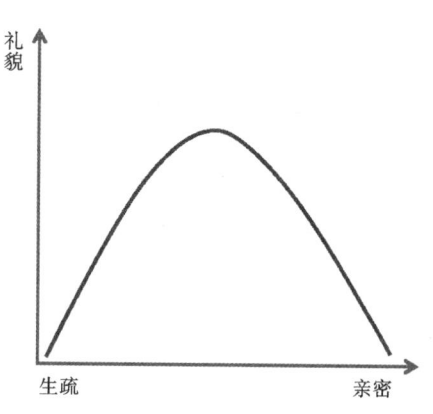

图 2-5　沃尔森拱形①

子曰:质胜文则野,文胜质则史,文质彬彬,然后君子。(《论语.雍也》)质:本质,引申为直白、直率;文:纹饰,装扮,引申为礼貌;野:粗野;史:虚假;彬彬:相结合。这句话的意思是,只有直率没有礼貌,就显得粗野,过于礼貌,就是装腔作势,显得虚伪;既直率,又讲礼貌,才是君子。

就我们这里讨论的问题而言,文质彬彬不是一成不变的交流原则,而是适应不同语境而调整的。相对而言,圈内交流直白的成分多一些,圈外交流礼貌的成分多一些。但是,文科的规则不能绝对化,需要把握分寸,防止过犹不及。我们说圈内交流可以直白一些,但这种直白也不至于说是肆无忌惮;圈外交流需要礼貌,但这种礼貌也不意味着没有是非。职场交流中,分寸感是非常重要的,后面会专门讲这个问题。

乔布斯对他的同事和下属,都是直来直去的,用他的话来说叫作诚实得近乎残忍。他说,像绅士俱乐部一样,带着领带说着上等人的华丽词汇,不是他的交流方式。这种交流方式在圈内是可以接受的,但是用于圈外交流,就难免产生麻烦和误解。

二、正视圈子边界

职场中的人通常会生活在一定的圈子内,同时也面临着他人的圈子,这就需要遵守圈子的边界。

---

① 参见约瑟夫 A.德维托著,余瑞祥等译:《人际传播教程(第十二版)》,中国人民大学出版社,第125页,2011年版。

首先要遵守自己的圈子边界。前面讲过,圈子内部信息分享充分,圈子成员的隐私信息暴露得比较多,这就要求我们保护圈子的隐私,不要轻易向外人分享圈子的信息。在任何文化状态下,"长舌妇"都是不讨"人喜欢的。"长舌妇当然不仅仅是指女性,而是指那些不遵守自己圈子边界的人,这种人是圈子的内在隐患,会逐渐地被排斥在所有的圈子之外。

其次是尊重他人的圈子,对于他人圈子的内部事务和隐私信息少打听、少评论、少参与,关于这个问题,我们讲一个案例。

案例 2-3 魏文侯选相

魏国的国王文侯决定任命丞相,但是在瞿璜和魏成这两个人选中拿不定主意,于是征求李克的意见。李克很有学问,是当时的贤人、智者,魏文侯尊他为老师,相当于魏文侯的私人幕僚。

魏文侯说,李老师,瞿璜和魏成这两个人选各有所长,我犹豫不决,您看谁当丞相更合适呢?

李克回答道:卑不谋尊,疏不谋戚。臣在阙门之外,不敢当命。

这里,卑不谋尊,疏不谋戚,与前面管仲讲的贱不临贵、疏不制亲意思相近。就是下级不适合对上级说三道四,外人不方便对自己人发表意见。丞相人选是国家大事,我一介书生,又是外人,对如此重大的问题不能随便发表意见。

魏文侯当然不高兴,心想,我如此尊重您,您怎么能推辞呢?坚持要李克说出自己的想法。无奈之下,李克讲了如下一段话:

居视其所亲,富视其所与,达视其所举,穷视其所不为,贫视其所不取。五者足以定之矣,何待克哉。

这段话很有名,经常被人引用。大意是说,判断一个人,就看他平时与谁在一起,发达了会怎么样,处于低谷的时候又如何?按照这个原则选人就不会错,何必为难我呢?文侯听后非常满意,表示自己可以拿定主意了。

文侯最后任命魏成为丞相。瞿璜当然不高兴,就找李克抱怨道,我比魏成差在哪里,为什么丞相是他而不是我?瞿璜知道文侯很尊重李克,一来是发泄心中的不平,二来也是想打听文侯的真实想法。

李克没有讲文侯曾经征求过自己的意见,而是超脱地做瞿璜的思想工作,说道,为人臣子应该讲贡献,而不是争权夺利,你和魏成都是文侯的亲信和重臣,虽然没有做丞相但仍然受文侯的重用,有什么好抱怨的呢?经过李克的劝说,瞿璜表示惭愧,要拜李克为老师。

为什么李克不直接表达自己的意见呢?因为瞿璜和魏成都是文侯的亲信和重臣,是一个圈子的人,而自己只是魏文侯聘请的老师,相对于魏国的统治集团而言,不过是一个外人。外人通常对圈内的事知之不多,一旦言语不当,会得罪圈内所有的人。试想一下,如果李克直接推荐了魏成,就很难面对瞿璜的抱怨超脱地做思想工作。而且,瞿璜虽然对魏文侯无可奈何,却可以轻易地报复李克。

显然,在两个人选之间,李克是有倾向性的,但出于自身安危的顾虑,他不能公开表达自己的意见,在魏文侯的催促下,不得已讲了一通原则。这也告诉我们,在遇到不便直言的敏感问题时,讲抽象的原则而不讲具体的意见,可以降低交流的风险。

三、警惕圈子的消极作用

圈子是一种特殊的职场现象,是一种非正式的客观存在。现实生活中的单位,通常都有圈子,圈子对于单位的发展和员工的职业前途都会产生重要的影响。但是,圈子又不是正式的制度安排,而是在交流中自发地形成的,领导可以安排我们与谁合作,但是安排不了我们与谁亲密。所以,正视圈子的存在,充分认识圈子的作用和影响,无论是对于普通员工还是管理者来说,都是非常重要的。

首先应该承认,无论是对于员工个人还是单位来说,圈子都是宝贵的人力资源,是人际信用的源泉。乔布斯之所以能够在职场上呼风唤雨,与他的圈子不无关系,他的圈子里大多是业界的头面人物,容易获得人际信用的支持。相反,如果一个单位的领导在业界没有什么影响,就很难得到外界的支持。但是,我们也应该看到,非正式的圈子也可能与单位的发展目标相冲突,有些圈子,甚至会以颠覆单位领导为目的,其存在是单位的潜在威胁。

另外,如果一个单位圈子太多,山头林立、拉帮结派,这个单位也很危险。所以,对圈子的管理,是每个单位都面临的挑战。我们既消灭不了圈子,又要发挥圈子的积极作用,同时还要防范圈子对于单位的瓦解作用。

现实生活中,圈子成员容易彼此护短。如果圈内某个人产生了过错,其他成员倾向于原谅、掩藏、袒护甚至为之开脱。如何评判护短现象是一个比较复杂的问题。《论语》记载了一则故事,鲁国的君王定公对孔子讲,我身边的人非常正直,如果父亲偷羊,儿子会站出来举报。孔子回答道,我的乡亲们不一样,父子之间会隐瞒对方的过错,这何尝不是正直呢?原文如下:

叶公语孔子曰:吾党有直躬者,其父攘羊,而子证之。

孔子曰:吾党之直者异于是。父为子隐,子为父隐,直在其中矣。(《论语·子路》)

一方面,护短是亲密关系的重要表现,也是维系信任的重要途径。如果告密盛行,人人自危,就谈不上亲密和信任,这是孔子认可父子互隐的重要原因。但另一方面,护短难免会威胁到单位的存在和发展,因为圈子对相同的过错区别对待也是一种不公平。正确认识和处理护短现象的原则还是"过犹不及",就个体而言,错误难以避免,但过错有大小轻重之分,对于轻微的过失,予以原谅并私下督促改正,既维系了亲密和信任,也不至于威胁到单位的目标。但是,对于严重的过错,就必须按原则办事,否则,就会连累亲密的人。有人问孔子,你的学生是不是很听上级的话呀? 孔子回答道,虽然听话,但杀父弑君的言行也是不会服从的(《论语·先进》)。这可以看成是对父子互隐的补充。

对于身在圈子中的员工个人来说,一方面,圈子可为其提供宝贵的人际信用,但另一方面,圈子也有可能对其履行职责产生压力。现实生活中,因为圈子的压力而滥用职权,因为熟人、亲人和朋友等而做出与自己职责相冲突的事情,最后断送了自己的职业前途的例子不胜枚举。所以,对于员工个人而言,既要珍视友谊,也要警惕那些觊觎我们职责的亲密陷阱,不可贪图人际信用而误入歧途。

基本概念

职场亲疏、人际亲密、人际亲疏序列、信息、信息分享、开放的自我、隐私、亲切感、信任感、安全感、公共信用、人际信用、圈子、沃尔森拱形、文质彬彬、护短、亲密陷阱

基本观点

(1)人际关系主要是指人与人之间的情感好恶,也称人际亲疏,个体之间彼此情感依赖或者互有亲切感就是亲密,彼此缺乏情感共鸣,就是疏远。现实生活中,亲密程度的差别是微妙的,认识和处理人际关系需要把握分寸和留有余地。

(2)交流是社会成员之间的信息分享,人们会因为交流而改变自己的态度和行为,这就是交流的效果。交流的效果是衡量交流能力的根本标准,如愿以偿的交流是有效的,事与愿违的交流是失败的。

(3)人们因为交流而互相熟悉,彼此信任,经常交流则亲,亲而有信;缺乏交流则疏,疏必存疑。彼此信任是分工协作的前提,故交流能力是普遍的职业能力。

(4)与人亲密是重要的精神需要,即爱的需要,还会产生人际信用,人际亲密和信用是重要的人力资源和管理资源,但也要警惕人际亲疏影响员工职责,与自己的员工身份相冲突。

(5)交流产生亲疏,亲疏约束交流,交流方式要与亲疏程度相适应,交流能力是高度语境化、个性化的能力,不存在适合于任何人的交流诀窍,也没有适合任何语境的交流捷径。

(6)圈子是与职场亲疏相联系的群体现象,正视圈子是一种非正式的客观存在,充分发挥

圈子的积极作用,同时警惕圈子对单位目标和员工职责的消极影响,是任何单位的管理都面临着的挑战。

练习与思考

1. 指出下列观点哪些是正确的,哪些是错误的,并简要说明理由。
(1)人际关系包括单位内的上下级关系。
(2)交流不一定导致亲密,但亲密一定是交流的结果。
(3)员工之间,没有交流,就没有信任。
(4)一个交流能力强的人,表达能够影响他人,倾听能够提升自己。
(5)人际信用的回报主要是心理满足。
(6)公共信用越不健全,人际信用的作用就越大。
(7)单位的领导班子也是圈子。
(8)在任何文化背景下,"长舌妇"都是不受欢迎的。
(9)单位的老员工排斥新员工,是圈子消极作用的一种表现。
(10)为了实现单位的任务目标和团结目标,不应该允许圈子存在。

2. 乔布斯对身边的人经常言论极端,认为一件产品不是杰作就是狗屎,一个人不是天才就是笨蛋。你认同这种交流方式吗?为什么?

3. 在案例2-1中,你认为乔布斯与沃兹尼亚克对半分账合理吗?为什么?

4. 结合案例2-2解释"疏不制亲"的原因。你认为现代社会仍然存在"疏不制亲"的现象吗?为什么?

5. 在案例2-3中,李克为什么不直接推荐丞相人选?李克对魏文侯的回应对于提升我们的交流能力有什么启示?

6. 如何看待亲密关系中的护短现象,你赞同孔子的观点吗?为什么?

第三章

亲和力、适应与顺从

现实生活中,影响人际亲疏的因素复杂多样,本章着重讨论亲和力、适应与顺从这三个因素。之所以选择这三个因素,一是因为这些因素普遍存在,二是因为这些因素容易被忽视,甚至存在许多模糊认识。通过本章的学习,需要重点掌握以下知识。

(1)亲和力是影响人际亲疏的生理和心理因素,主要包括外表、面子和领地等,亲和力是可以通过自觉的学习和训练养成的。一般来说,健康文明的外表、尊重他人的面子和领地、有效地管理自己的面子等是有效交流的基本规则。

(2)适应他人是基本的交流能力,其中一个重要的要求是用对方可以接受的方式和能够分享的信息交流。尤其是面对外行的交流,要避免自说自话,自我显摆。

(3)任何成功的交流都包括顺从,不要用"谁说服了谁"或者"谁赢了"评价交流的成败。

第一节 亲和力

亲和力主要是指影响亲密的生理、心理因素,或者说生物性因素。人首先是一个生物体,有一些生物性的本能会影响周围的人愿不愿意与我们亲近,如果我们的生物性因素有利于他人认可我们,愿意与我们亲近,就意味着我们的亲和力强,反之,如果我们自己的生物性因素导致他人与我们疏远,甚至反感我们,就意味着我们的亲和力弱,甚至是没有亲和力。影响亲密的生物性因素很多,本章主要讨论外表、面子和领地这三个因素。

一、外表

个体的外表,是指我们可以观察得到的体貌特征、服饰打扮及言谈举止,在传播学中称为身体语言(body language),这方面的研究成果非常丰富,有兴趣的读者可以参考相关文献,就我们讨论的问题而言,这里主要强调如下几点。

1. 健康

人有求生的本能,因而天然地具有向往鲜活、拒绝萎靡的心理倾向,包括审美倾向。我们本能地亲近精神抖擞、生龙活虎的外表,而排斥邋遢和萎靡的外表,一些不卫生的生活习惯会遭人厌恶。

健康外表的实质是保持对环境变化的敏感反应,所谓静如处子,动如脱兔。这种敏感性是生命力旺盛的一个重要方面,如果一个人过于迟钝、窝囊甚至怯懦,不仅让人厌烦,还容易被人欺负。所以,年轻人在学习和工作中,如果萎靡不振,精神恍惚,不仅影响学习和工作,还会给自己带来麻烦,容易遭到老师和领导的批评。

2. 文明

作为生物体,人难免攻击性,在现实生活中,我们会本能地躲避那些攻击性强的人,如性情暴躁、出口伤人、容易动粗的人等,而愿意接近那些温和的人。对于个人而言,文明最基本的含义是约束自己的攻击性,形象地说,就是包住自己的拳头,遮住自己的牙齿,避免攻击性和羞辱性的言谈举止。

文明外表的另一个要求是合群,即我们的外表不要在周围的人当中显得异类。因为与所在群体格格不入的外表,容易使周围的人心生警惕,保持距离。一位教授在一群农民工中间西装革履,谈吐儒雅,农民工们虽然佩服教授的学问,但难以与之亲近;同样,一位建筑工人与一群教授在一起,自己会觉得孤单,教授们也难以与之亲近。

年轻人追求时尚、个性的外表,无可厚非,但要注意不能与自己的岗位要求相冲突,许多岗位对外表有明确的要求,作为员工必须遵守。一般来说,工作时间和业余时间的外表是不一样的,但是,对于一些特殊的职业比如教师,即使在业余时间,其外表也不能冲撞为人师表的底线。

3. 民族性

人类不是纯粹的生物,任何人总是生活在一定的文化背景中,即使是生物性因素,也不可避免地受文化传统的约束和影响。中华民族在漫长的历史长河中,形成了持重中和的外表传统。

子曰:君子不重则不威,学则不固。(《论语·学而》)

喜怒哀乐之未发,谓之中,发而皆中节,谓之和。(《中庸》)

孔子讲的"君子重",含义非常丰富,其中一个重要的方面,就是庄重的外表,即不卑不亢。所谓"中""和",就是情感不外露,即使外露也不要极端。总的来看,我们这个民族崇尚庄重、内敛的外表,尤其是成年男子,在日常交流中,比较排斥那种表演性的、夸张的肢体语言和情绪化的表达方式。

相对而言,西方人的身体语言要活跃一些,开放一些,外露一些。外表的文化差异是历史地形成的,并无优劣之分,国际交往中需要互相尊重,彼此适应,频繁的国际交流会促进不同的文化互相借鉴和互相融合,我们没有必要将某一种身体语言上纲上线,说成是爱国的或者卖国的,身体语言得体与否的根本标准还是要看交流的效果。

4. 个性化

人与人不一样,并不存在适合每个人的身体语言模式。前面讲的健康、文明和民族性等是关于外表的一些基本原则,但并不是说这些原则都有固定的身体表现。譬如说,双手交叉在身前,特定的人在特定的场合是合适的,但换一个人,换一种场合,也许就不合适。东施效颦的故事告诉我们,对于他人是得体的、精彩的表达方式,并不一定就适合我们。当然,年轻人应该有自觉的身体语言意识,善于学习,善于借鉴,但也不要刻板地模仿某一种身体语言,不顾自身特点和具体语境而一味地"端着",也是令人反感的。

总的来说,外表是人际交流中的重要信息,会自觉不自觉地刺激对方对我们做出反应,尤其是在初次交流中,外表对形成第一印象有着非常重要的影响。对外表的基本要求是,自己不别扭,对方不反感,不要因为外表的不得体而使得他人拒绝我们,疏远我们。

二、面子

作为生物体,我们每个人都有自我肯定的心理倾向,希望得到他人的尊重和肯定,这就是我们经常所说的"爱面子"(face need)。他人认同我,肯定我,我会产生积极的情感体验,心情愉快,觉得有面子;反之,他人否定我,贬斥我,我会产生消极的情感体验,心情沮丧,觉得没有面子。

爱面子是一种心理现象,没有文化的区别。有人讲只有中国人爱面子,西方人不爱面子,这是不符合实际的,事实上,西方人因为爱面子而产生的礼貌和礼节并不少于我们,关于面子的研究也并不亚于我们,没有哪个民族是不爱面子的。

爱面子是一种生物性的需要,如果面子受到伤害,容易行为极端,我们讲一个案例。

案例 3-1 刘馥之死

《三国演义》讲了一个故事,曹操号称 80 万大军直逼东吴,战前,曹操认为自己胜券在握,雄心勃勃,志得意满,率领文武官员在江面上饮酒赏月,乘着酒兴,曹操当场赋诗一首,其中有这么两句:

月明星稀,乌鹊南飞。

绕树三匝,无枝可依。

意思是说,辽阔的夜空,一群乌鸦从北边飞来,围着一棵树飞来飞去,发现没有落脚的地方,只好无可奈何地离开了。

曹操很有文采,作文吟诗是常有的事情。诗毕,文武百官随声附和,拍手称好,唯有扬州刺史刘馥说不好。当时的刺史,相当于今天的省部级官员了,能够同曹操一起饮酒作乐,当然是曹操的重臣、亲信。

刘馥说:丞相啊,您的诗不吉利呀,您看,我们正好从北边来,"绕树三匝,无枝可依",是不是晦气呢?刘馥的点评不能说没有道理。然而,也许正是因为有道理,曹操更是恼羞成怒,喝道,你怎么敢扫我的兴呢?话音未落,举起手中的兵器刺死了刘馥。第二天醒来,曹操非常懊悔,为了一句酒话,杀了一位重臣,遂命人厚葬刘馥。

这个故事告诉我们,一旦面子受到伤害,人容易失去理智,刘馥之死,仅仅在于他驳了曹操的面子。成年人毕竟是受过教育的生物体,并不是时时刻刻都具有攻击性,其攻击性通常是面子受到伤害后的生物性反应,现实生活中的许多悲剧往往是不顾情面引起的。

当然，这个案例不是鼓励为了面子而行为极端。其实，曹操对自己的一时冲动也是后悔的。现实生活中，我们的尊严被人有意无意地冒犯是经常发生的事情，对于无意的冒犯，需要宽容忍让，即使是面对恶意的攻击，我们的反应也应该适可而止，至少是不能丧失理智，避免酿成无可挽回的悲剧。

这里需要强调的是，爱面子本身没有错，只有爱面子的人才会有羞耻感，羞耻感是重要的自我约束规范，为了自己的尊严，知道什么事情能做，什么事情不能做。所以，孔子提倡年轻人"行己有耻"，孟子说："羞辱之心，人皆有之。"现实生活中，那些没有尊严，低三下四、阿谀奉承的言行之所以令人讨厌，就是因为缺乏羞耻感，被称为"不要脸"。

但成功的交流在很多情况下需要我们主动放下面子，主动承担羞辱的痛苦体验，譬如，接下来讲到的适应他人和顺从他人等，都需要我们主动放下面子。我们面对批评之所以不舒服、脸红，就是感到没有面子，所谓虚心接受批评，就是主动放下面子接受别人对自己过错的批评。尤其是年轻人，一味地爱面子是有效交流的经常性障碍。

一方面，爱面子是重要的行为规范，另一方面，有时候又需要主动放下面子，这是不是自相矛盾呢？当然不是。爱面子是一种生物性的冲动，是本能的反应，人是文明的动物，其言行不能完全听凭本能的驱使。这就需要我们根据交流的效果管理面子，接受批评虽然没有面子，但可以使我们进步，这个时候就需要放下面子，委屈自己可以顾全大局，这个时候也要放下面子。在前面的案例中，曹操后来之所以懊悔，就是大敌当前，自己因为爱面子而错杀了一位重臣，为即将到来的战争蒙上了阴影。

管理面子的实质是情感的自我管理和控制，人是有感情的动物，但人又不能完全感情用事，需要用理智约束情感，管理情感。能够有效地管理面子是亲和力的重要表现。相反，听不进批评，听不得不同意见，甚至开不得玩笑，这种人很难与之亲近。

最后，保持威严但不失大度是亲和力的重要方面，这就是孔子讲的。"威而不猛，泰而不骄。"（《论语·尧曰》）反之，不知廉耻和言行极端，都是缺乏亲和力的表现。

三、领地

人和其他动物一样，都需要其他人与自己保持最起码的距离，如果他人未经允许进入这个距离，我们会感到紧张甚至惶恐，乃至于产生躲避或者攻击的行为，这种个体之间出于本能所需要的安全距离就是领地（territory）。我们都有这样的体会，如果陌生人距离我们太近，我们会感觉到不自在，甚至恐惧。在公共交通工具上，由于空间狭小，我们会通过避免目光接触以保持距离。领地最初是一个空间概念，现在泛指空间、财产、职责和身体等属于我们自己的东西，甚至还包括我们坚守的信仰、思想观念和风俗习惯等。

当然，人们的领地倾向不一样，有些人比较开放，自己的领地可以不同程度地与人分享，这就是我们经常讲的比较大方,相反,有些人领地意识比较保守,自己的领地不愿意与人分享,也就是我们经常讲的比较小气、敏感。相对而言,我们更愿意与比较大方的人打交道,面对小气的人会比较谨慎,换句话说,大方的人容易与人亲近,而小气的人通常会与人保持距离。但是,即使是比较大方的人,在诸多领地中,也有一些领地是比较敏感的,不愿意与人分享的,这种敏感的领地称为"私急",即自己非常在意、容不得他人染指的领地。一旦"私急"受到威胁,其反应通常会比较极端。韩非举例说,君王像龙一样,龙是一种凶猛的动物,即便如此,我们也可以与龙嬉耍,甚至可以骑到龙的背上。但是龙的脖子上有一块鳞片,谁要是触动了这个鳞片,龙就会立即咬死谁,韩非称这块鳞片为"逆鳞",亦即"私急",也就是不容他人染指的领地。现实生活中,即使是比较大方的人,也有自己的"私急",不可冒犯,我们不可以因为他人大方而肆无忌惮。

领地体现的是我们的安全需要,在自己的领地里,我们会轻松自如,但在他人领地里,则会客随主便,不宜轻举妄动。譬如说,我们到同学家里去做客,同学的父母说,你们就像在自己家里一样随便,不要客气呀,然后各忙各的,不再搭理我们。这个时候我们就会感觉到不自在,因为这里毕竟不是我们自己的家,不是我们的领地,难免拘谨。所以,对客人表示礼貌、服务周到,缓解客人的拘谨,是我们表达亲密的一个重要方面。

我们既要维护自己的领地,也要尊重他人的领地,即使是亲密关系,也需要彼此尊重,不可过于干涉他人。子贡问老师:朋友之间,该如何相处呢?孔子回答道,我们可以提出建设性的意见和善意的批评,如果对方听不进去,就不要坚持了,以免自讨没趣。原文是:

子贡问友,子曰:忠告而善道之,不可则止,毋自辱焉。(《论语·颜渊》)

孔子的另一个学生子游说:事君数,斯辱矣;朋友数,斯疏矣。(《论语·里仁》)这句话的意思是说,在上级面前唠叨,难免自取其辱;在朋友面前唠叨,容易导致关系疏远。尤其是青年学生要注意,不可仗着自己出于好心、关系亲密而过于干涉朋友的生活,因为我们每个人都爱面子,都有领地需要,过于干涉他人的决策,无异于冒犯他人的领地,容易引起他人的反感。

孟子曰:"人之患在好为人师。"(《孟子·离娄上》)意思是说,喜欢教训人的行为容易让人厌烦。职场上,有些人仗着自己有那么一点本事,有一定的职务,喜欢教训人,评说是非,尽管是出于好心,其意见也不无道理,依然让人反感,就是因为这种行为容易与我们的领地需要相冲突。

当然,不要好为人师,不是说我们对工作中存在的问题可以熟视无睹,对周围的人可以漠不关心,而是说对单位和同事的关心和帮助要以尊重他人的领地为前提,前面讲的"不在其位,不谋其政",就是强调不要逾越他人的领地。对他人的建议和帮助包括指导,要尊重对方的意愿,荀子曰:"不问而告谓之傲;问一而告二谓之嚾。"(《荀子·劝学篇》)意思是说,不尊重他人意愿的建议和指导容易给人自我显摆和炫耀的感觉。

即使是在我们的职责范围之内,提出批评建议也要注意方法,也就是要尊重对方的面子和领地。譬如说,同事的一个报告没有写好,讲自己的感受比直接指出对方的不足更容易让人接受一些,陈述性的语言比评价性的判断更容易避免误解,就事论事比上纲上线更容易达到促进工作的目的。

除了以上讲的外表、面子和领地外,影响亲和力的生物性因素还有许多,如年龄、性别、民族、籍贯、口音和颜值等。但正如前面讲的那样,除了生物性因素,交流行为也能影响亲和力。尽管外表是天生的,但与人亲和则是后天养成的。

第二节 适应与顺从

一、适应他人

适应他人(adapting to others),也称他人倾向(others orientation),就是主动适应对方的交流意愿和能力。交流是双方的互动,不能一厢情愿,如果对方接受不了我们的交流方式和信息,甚至反感,交流就难以为继。传播学认为,这种适应性是现代人的核心交流能力(core communication competencies)之一。

适应他人的含义比较宽泛,包括适应对方的个性特征、文化背景、风俗习惯、社会地位以及亲疏关系等。我们这里主要强调,用对方可以接受的方式和信息交流,而不是以自我为中心,自说自话。如同计算机软件的新版本兼容旧版本一样,具有多种信息形式能力的人应该主动适应信息形式比较单一的人。譬如说,成人与儿童交流,通常会主动低下身子,用小孩的口吻说话,不然不仅达不到交流的目的,还会吓坏孩子。同样的道理,老师要主动适应学生,用学生可以接受的方式和信息传授知识,如果学生听不懂,老师再有学问也达不到教育的目的。职场上,领导要主动适应员工,用员工可以接受的方式和信息宣传自己的主张,如果一味地打官腔,员工接受不了,交流就是无效的。

如果我们用对方难以接受的或者说难以分享的信息交流,不仅达不到我们的交流目的,还容易引起对方的反感。传播学上有一对范畴叫包容性信息(inclusion message)和排斥性信息(exclusion message),前者是指双方可以分享的信息,后者是指对方不能接受的信息。我们不仅接受不了排斥性信息,还会心生反感,因为排斥性信息不仅对我们无益,还显得我们无能。如果一个大学生对自己的儿时伙伴满口的专业术语,不是故意为难对方,就是刻意显摆自己,难免挨骂。

毛泽东同志说过,对牛弹琴,既是讥讽对方,也是讥讽自己。所谓对牛弹琴,就是排斥性的交流。现代社会分工细密,每个行业和职业都有自己的话语体系,善于运用包容性信息跨越专业壁垒进行沟通,是重要的职场交流能力。譬如,为了推销产品,专业人员要主动适应大众,用消费者可以接受的方式介绍产品,如果满嘴的专业术语和技术参数,消费者云里雾里,自然难以下决心购买。再譬如,为了争取投资,内行要主动适应外行。无论是政府官员还是风险投资者,他们大多不是技术专家,要说服投资者,就必须运用投资者可以接受的信息回应他们的关切。总而言之,面对外行,表达的目的是影响对方,而不是显摆自己如何专业。

二、顺从

成功的交流既需要得体的表达,也需要虚心的顺从,顺从就是接受他人的意见和建议,并且付之于行动,顺从主要有三种情形:①你知道,我不知道,所以我听你的;②你是对的,我是错的,所以我听你的;③为了顾全大局而委曲求全,所以我听你的。

理解第三点的关键是,交流中有比我们的感受和面子更为重要的东西。譬如,放假回家,母亲做了一桌菜,一不小心咸了。我们有两种选择,一种是若无其事地吃下去,然后多喝水;一种是碗筷一推,不吃了。选择的关键在于,是我们自己的感受重要,还是母亲的感受重要。顺从主要包括如下三个方面。

1. 不要固执己见

现实生活中,许多年轻人缺乏顺从意识,认为改变自己顺从他人没有面子,喜欢争强好胜,强词夺理,而且经常振振有词地引经据典:"言必信、行必果"。其实,这是对孔子的误解。这句名言来源于《论语·子路》中孔子与子贡之间的一段师徒对话:

子贡问曰:"何如斯可谓之士矣?"

子曰:"行己有耻,使于四方不辱君命,可谓士矣。"

子贡曰:"敢问其次。"

子曰:"宗族称孝焉,乡党称弟焉。"

子贡曰:"敢问其次。"

子曰:"言必信,行必果,硁硁然小人哉,抑亦可以为次矣。"

子贡曰:"今之从政者何如?"

子曰:"噫,斗筲之人,何足算也!"

这段对话的大意是,子贡问什么样的人是优秀的青年。孔子回答说人分四类,引申到现在来说,就是指能够严格要求自己,不负重托完成任务的人,这是最优秀的青年;能力差一点但人缘好的人也不错,是次一点的青年;那种"说话一定要算数,许诺一定要兑现"的人,虽然固执,不好打交道,但也是可以教育的,是更次一点的青年;至于那些胸无大志,鼠目寸光的人,就无足挂齿了。

在这段对话中,"言必信,行必果,硁硁然小人哉",不是赞美,而是批评,硁(kēng)硁:象声词,敲击石头的声音。这里引申为像石块那样坚硬,意思是说,固执己见、一意孤行的人如同坚硬的小石子儿一样不好打交道,相当于民间讲的二愣子。所以,后来孟子说得更为明确:"大人者,言不必信,行不必果,惟义所在。"(《孟子·离娄下》)

这里的"惟义所在"可以理解为,看交流的效果是不是有利于我们追求的目标。也就是说,我们要不要坚持自己的主张,兑现自己的承诺,关键要看我们的言行是不是道德的,是不是有益于实现我们的目的,如果我们是错的,就应该改正过来。

毛泽东同志在《为人民服务》中说过:"因为我们是为人民服务的,所以,我们如果有缺点,就不怕别人批评指出。不管是什么人,谁向我们指出都行。只要你说得对,我们就改正。你说的办法对人民有好处,我们就照你的办。'精兵简政'这一条意见,就是党外人士李鼎铭先生提出来的;他提得好,对人民有好处,我们就采用了。"毛泽东同志的这段话既体现了中国共产党人的风貌,也蕴含着优秀的中华文化传统,就是坚持"惟义所在"的原则。顺从是良好形象(包括个人形象和群体形象)的重要元素,善于顺从才能合群,才会有人跟随,队伍才会兴旺,相反,固执己见的结果必然是孤家寡人,"硁硁然小人哉"。

2. 虚心接受批评

批评容易使人反感,所以,我们强调批评他人时要注意方法,要将对错误言行的批评与对他人的尊重区别开来,达到"治病救人"的目的。同时,面对他人的批评,我们自己就不要斤斤计较他人的方法和分寸,坚持有则改之,无则加勉,不要因为他人表达不当拒绝批评,也就是要大度。

错了就是错了,就要诚恳道歉。道歉也是一种顺从,就是承认自己错了,对自己的言行及其后果表示懊悔,并承诺补救过错,下不为例。承认错误通常伴随着自责、悔恨和羞愧的消极情感体验,正因为如此,道歉是一种补救过错,请求对方原谅的方式。

出于爱面子,一旦出错,人们更倾向于辩解。辩解主要有三种类型:①不是我的原因(错在别人);②不至于那么糟糕(错不到哪里去);③是的,但是(虽然出错但事出有因,通常是不可抗拒的客观原因)……

因为道歉是自我否定,放弃面子;而辩解是自我肯定,保全面子,所以,德维托教授的忠告是:轻易不道歉,道歉勿须辩解。"错在自己"和"错不在我"放在一起,容易给人虚伪的印象[①]。譬如,一位大学校长将"鸿鹄(hú)之志"念成"鸿鹄(hào)之志",遭到网络上一片嘲笑。既然错了,以后改正就是了,大家笑话一阵子也就过去了,没有必要公开道歉。因为念错一个字既没有造成误解,也没有伤害他人。但这位校长不甘心,公开道歉,与其说是道歉,不如说是辩解,一边说对不起,一边说人无完人,自己的中小学时代处于"文化大革命"当中,导致今天文字功底差,年纪大了忘性大,虽然错了一字但不妨碍观点正确等,结果引来更多的嘲笑和批评。

---

① 参见约瑟夫 A. 德维托著,余瑞祥等译:《人际传播教程(第十二版)》,中国人民大学出版社,第235-238页,2011年版。

缺乏文字功底不是念错字的理由,年纪大了也不是念错字的理由,莫说是大学校长,就是小学生,也不能念错字。诚恳的道歉才可能得到对方的谅解,相反,轻描淡写、伴随着辩解的道歉不仅于事无补,还容易加剧冲突。

3. 由衷赞美他人

顺从不仅仅是指接受他人的意见,也包括对他人的赞赏和鼓励。对于他人给予我们的帮助和支持表示感谢,对于学术交流和集体议事中的真知灼见表示欣赏和附议,对于同伴的进步和成就表达钦佩和祝贺等,这些不仅是礼貌,更是健康交流的规则。赞美不仅会给双方带来满足感,更重要的是弘扬正气,不仅激励对方,还会激励众人,也会激励自己,引导人际关系更道德、更友好、更高尚。

青年学生容易不服输、不服气,如果这种情绪激励自己更加发奋努力,当然无可厚非,倘若因此而嫉妒他人,则会害人害己。现代社会,任何事业都需要团队推动,同伴之间的竞争是事业进步的重要动力,竞争对手的成就同样会造福于我们,顺从当然包括接受公平的竞争规则及其结果,这也是重要的团队精神。

嫉妒是一种因为同伴优秀而产生的自卑情绪甚至是怨恨心理,它不仅会增加苦恼,还会使自己与优秀者渐行渐远,直至被团队抛弃,年轻人需要特别警惕。

当然,赞美不是虚情假意地取悦于人,更不是别有用心的庸俗吹捧,而是表达我们的向往和期待,所以,出于礼貌的恭维应该适可而止。我们在社交平台上的点赞和分享都会反映我们的情怀和境界,同学们应该珍惜自己的赞美,使之值得令人期许。

注重顺从是我们这个民族的优秀文化传统,我们从小到大都被要求听话,在家听父母的,上学听老师的,工作后听领导的,包括服从命令和遵守规则等,也就是注重从小培养顺从意识和行为规范。这是因为,只有懂得顺从的人才是可以交流的,可以教育的,可以合作的,容易得到周围人的认同和拥护,相反,自以为是、固执己见的人难以打交道,通常不受欢迎,难免会成为孤家寡人。

现实生活中,许多人比较在意交流中的话语权,也就是在意谁输谁赢,谁说服了谁,认为顺从他人是掉价、掉分,没有面子,其实,这是舍本求末。我们反复强调,评价交流成败的根本标准是看效果,也就是看是不是有利于我们的健康成长,是不是有利于增进我们的友谊,是不是有利于促进我们的工作。没有顺从,就不可能有成功的交流与合作。我们一定要确立一个观念,即顺从是美德而不是软弱。当然,顺从不是无原则的迁就,这一点我们后面再讨论。

第三章 亲和力、适应与顺从

基本概念

亲和力、外表、爱面子、管理面子、领地、私急、适应他人、包容性信息、排斥性信息、顺从、道歉、嫉妒

基本观点

(1) 亲和力是影响人际亲疏的生理和心理因素，主要包括外表、面子和领地等，良好的亲和力是可以通过自觉的学习和训练养成的。

(2) 健康文明的外表对于形成第一印象有重要影响，得体的外表既要适合自己的个性特征，也要尊重民族文化传统，包括尊重对方的文化背景。

(3) 爱面子是一种普遍的心理现象，面子受到伤害容易导致破坏性的后果，尊重对方的面子和管理自己的面子，是有效交流的基本规则和伦理。

(4) 我们自己要有羞耻感，但有时候也需要放下面子，接受批评，诚恳道歉，顺从他人。

(5) 领地是个体安全需要的表现，对于自己的领地过于敏感同不尊重他人的领地一样，都会给人留下不好打交道的印象。

(6) 信息形式丰富的人要主动适应信息形式比较单一的人，在现代社会，善于运用包容性信息与外行交流，是重要的职场交流能力。

(7) 任何成功的交流都包括顺从，顺从是美德而不是软弱。自尊心太强，过于爱面子，是影响有效交流的经常性障碍。

练习与思考

1. 指出下列观点哪些是正确的，哪些是错误的，并简要说明理由。

(1) 亲和力是天生的。

(2) 得体的身体语言需要根据交流对象作必要的调整。

(3) 任何时候，我们都要维护自己的面子。

(4) 案例3-1表明，曹操是一个喜怒无常的人。

(5) 主人对客人要热情接待，以缓解客人的拘谨。

(6)私急是指不可与人分享的领地。

(7)对待朋友的错误决定,要反复劝说,一直到对方改正错误为止。

(8)"言必信,行必果,硁硁然小人哉"。孔子这句话是提倡年轻人可以说话不算数,承诺不必兑现。

(9)轻易不道歉,道歉不辩解。

(10)由衷地赞美他人是健康有效的交流方式。

2.有人认为,中国人在国际交流场合穿西装是缺乏民族自信的表现,你赞同这种观点吗?为什么?

3.为什么孟子说"人之患在好为人师"?

4.市场上许多药物既有体现药物成分的药物学名称,又有体现其功能作用的商品名称,试举一例并说明这样做的原因。

5.小明和小唐竞聘大堂领班,经过大家投票,小唐胜出。小明很不服气,觉得自己的业务能力更强,决定暗中较劲,让小唐做不下去。你赞同小明的态度吗?为什么?

第四章

回应关切

中国古代思想家韩非(约前280年—前233年)说过,说话的困难在于知道对方的心思,并且能够以恰当的方式回应。原文是:"凡说之难:在知所说之心,可以吾说当之"(《韩非子·说难》)。韩非这里所说的"心",就是我们今天讲的心理关切,这句话包括互相联系的两个问题,一是如何回应对方的心理关切,二是如何把握对方的心理关切。本章前两节主要回答这两个问题。第三节讨论回应关切过程中的主观因素及其不确定性。第四节分析了人类行为的能动性和微妙性,强调回应关切需要把握分寸和留有余地,第五节通过一个案例,作为第二章～第四章内容的总结和综合运用。通过对本章的学习,需要重点掌握以下知识。

(1)成功的交流是运用集体智慧积极应对环境变化,促进环境向期待的方向发展,这就要求我们从外在的言行和客观环境变化两个方面观察和回应内心关切。

(2)在观察和回应心理关切的过程中,一方面,我们的主观愿望、本能和经验等会自觉不自觉地发挥作用,另一方面,人类个体的行为是能动的、微妙的,这就需要在回应关切的过程中把握分寸和留有余地。

第一节 环境变化与心理关切

心理关切,也叫心理诉求(psychological appeals),泛指环境变化引起的心理活动,包括因外在刺激而产生的兴奋、喜欢、希望、忧虑、恐惧、绝望等。

一、共同关注

我们生活其中的环境每天都在发生着变化,这些变化会刺激我们产生心理反应乃至于行为反应。然而,我们每个人都有一个关注—过滤(pay attention-filter)机制,对于外部世界的一些变化是比较关注的,而对大多数变化是熟视无睹的,无动于衷的,即把一些变化忽略、过滤掉了。我们每个人不一样,对外部世界的关注当然不一样。

譬如说,我们所在的单位即将引进一条新的生产线,准备开展一次职工篮球赛,即将选拔中层干部,即将引进指纹打卡考勤等。显然,不同的员工对这些信息会有不同程度的关注,甚至不关注其中的一些信息。所谓关注,就是那些能够引起我们产生心理反应的信息,是心理关切的首要元素,没有关注,也就没有后续的心理活动。

显然,共同关注是交流的前提,我们讲回应关切,首先是指能够回应对方的关注,包括引起对方的关注,如果我感兴趣的事情你无动于衷,你津津乐道的事情我莫名其妙,这话就说不下去了。俗话说,"酒逢知己千杯少,话不投机半句多",所谓"投机""知己"的一个重要的方面,就是有共同关注。前面讲的圈子,通常是由于共同关注而形成的,因为共同关注而维持的,一旦失去共同关注,圈子就会慢慢地瓦解。

如果说前面讲的亲和力主要体现的是个体之间的生物性差异,不同的关注体现的则主要是个体之间的文化差异。就物理空间而言,大家都生活在同一个世界里,但就精神空间而言,不同的关注意味着生活在不同的精神世界里。显然,单位内不同层级的员工会有不同的关注,有职业追求的员工同没有职业追求的员工也会有不同的关注。这也告诉我们,影响交流的因素是非常复杂的,不是哪一个因素可以包打天下,一个亲和力强的人如果没有上进心和事业心,也很难与那些境界高远的人有深入的交流。相反,一个不修边幅、情商不高的年轻人也可能因为强烈的事业心和过硬的本领能够在事业上遇到知己和贵人。

二、犹豫与治疗性倾听

我们对纷纭复杂的环境变化的关注程度是不一样的,对许多信息仅仅只是关注而已,而对某些信息则会形成新的态度。所谓态度,就是一种行为倾向,准备下一步如何行动,即面对环境变化,我们该如何应对。

通常情况下,态度的形成是一个犹豫的过程,即对环境变化如何应对,拿不定主意,下不了决心。犹豫是因为对行为的后果没有把握而产生的焦虑。譬如说,单位有一个职位空缺,我们该不该去申请呢?如果放弃,可能会失去一次晋升的机会;一旦申请,如果领导不批准会有什么后果呢?同事又会怎样看我们呢?诸如此类的担心会使我们下不了决心。

一般来说,人们在犹豫的时候往往需要交流,希望他人帮助自己下决心。譬如,在案例2-3中,魏文侯对丞相人选拿不定主意的时候,就主动征求李克的意见。被李克拒绝,魏文侯就不高兴,当李克建议的识人原则能够帮助自己下决心的时候,魏文侯就满意了。这种能够缓解焦虑,促成我们下定决心的交流称为治疗性倾听(therapeutic listening)。治疗性倾听是有效的交流,通常也是受欢迎的交流。

案例 4-1 深夜电话

前面讲过,乔布斯1985年被自己创立的苹果公司赶走了。但是到1995年,苹果公司经营困难,公司高层有意聘请乔布斯回来担任总裁。当时,乔布斯已经是皮尔斯公司的总裁,该公司在动漫行业的业绩、口碑都不错,收入也不低,家庭生活非常安定优越。所以,对于苹果公司的邀请,乔布斯非常犹豫,因为苹果公司当时已经处于破产的边缘。

犹豫不决之际,乔布斯深夜给自己的朋友打电话征求意见。这个电话打了很长时间,乔布斯列举了自己回到苹果公司担任总裁可能的好处和坏处,希望朋友能够帮助自己拿主意。这位朋友凌晨被人吵醒,难免烦躁,没好气地回了一句:"我才不在乎苹果公司的死活呢",说完就把电话挂了。

朋友不太礼貌的回应,对乔布斯的震动很大,使他清醒地意识到自己是很在意苹果公司的。生意场上企业的生生死死,乔布斯司空见惯,唯有苹果公司毕竟是自己创立的,其他人可以无动于衷,自己则放心不下。自己犹豫不决的根源正在于,将苹果公司办成长盛不衰的公司,一直是自己并没有放弃的内心追求。

正是这通电话,促成乔布斯摆脱犹豫,下定决心回到苹果公司担任总裁,这才有了苹果公司后面的辉煌。从形式上看,这段交流是不礼貌的,甚至是不愉快的,但从实际效果看,这段交流是典型的治疗性倾听,帮助乔布斯缓解了焦虑,下定了决心,因而是有效的,所以,乔布斯对朋友也是心存感激的。前面讲过,朋友之间的交流,或者圈子内部的交流,通常是直率、坦诚、不计较的。这也再一次告诉我们,评价交流的标准是看效果,而不是孤立的教条。

三、批评与信任

人们犹豫的时候,希望听到多方面的意见,一旦下定决心,形成了坚决的态度,就喜欢听到赞成的意见,也称欣赏性倾听(appreciative listening),而反感批评的声音,也称批评性倾听(critical listening)。当我们决心做一件事情的时候,总是希望得到他人的肯定和支持,而容易将反对的意见看成是找茬,甚至是故意作对。这是一种普遍的心理现象,人之常情,无可厚非。

在这种情况下,认同和赞美容易得到好感和亲近,而否定和批评容易使人反感甚至误解,导致关系疏远。但是,无论是赞成还是批评,都是为了对环境变化作出积极的反应,如果我们投其所好,为了对方的好感和亲近而违心地奉承错误的决定,导致对环境变化的错误应对,那是不负责任的,也是不道德的。

同时我们也应该清醒地认识到,面对一个态度坚决的人,批评有很大的风险,包括对方不接受批评,我们的意见即使正确,也改变不了对方的错误,产生不了作用,还包括对方对我们产生误解,由亲密走向疏远,甚至敌对。在这种特殊的语境下,不是敢不敢于坚持真理的问题,敢不敢于批评的问题,而是要权衡批评会不会产生期待的效果。批评不仅不起作用,反而事与愿违,那不是勇敢,而是鲁莽。

所以,孔子讲:"遂事不谏。"意思是说,对于正在做的事情,包括准备付诸实施的决定,不要轻易表达不同的意见。当然,孔子的这个建议比较保守,有明哲保身的意味,但就其提醒我们警惕特殊语境下批评建议的风险而言,还是有借鉴意义的。

当然,这并不意味着我们面对错误的决定只能束手无策,而是批评要注意方法,这里特别强调,我们的批评要与彼此之间的信任程度相适应,或者说,有效的批评通常是以对方对我们的信任为前提的。子夏曰:"君子信而后劳其民,未信,则以为厉己也;信而后谏,未信,则以为谤己也。"(《论语·子张》)意思是说,领导只有取得群众的信任后才能发号施令,不然,群众会认为是劳民伤财。我们只有在领导信任的条件下才能表达不同的意见,不然,领导会认为我们是在诽谤、抹黑。

韩非举了一个例子。一个富豪家的院墙年久失修,隔壁的邻居提醒富豪,你家的院墙经不起雨淋了,富豪的儿子也说院墙需要尽快加固。果不其然,一场大雨下来,院墙垮塌了。这个富豪觉得自己的儿子有先见之明,而认为邻居是幸灾乐祸。相同的意见出自不同的人会有不同的效果,信任是重要的因素。所以,在一些特殊情况下,有些话需要德高望重的人说,需要亲密的人说,道理也在这里。古希腊哲学家亚里士多德认为,信任、关切和逻辑是实现成功劝说的三个不可或缺的要素,其中一个重要的方面,就是强调信任是实现成功劝说的前提。

我们这一节的内容蕴含着一个重要的观点,回应关切的本质是积极应对环境的变化。交流不是孤立的,我们不是为了交流而交流,交流是我们运用集体智慧积极应对环境变化的重要途径。只有那些产生于环境变化,并且能够促进环境朝着我们期待的方向发生变化的交流才是有价值的、有效率的。孔子批评的"言不及义,好行小慧",一个重要的表现就是那些脱离实际、对于促进我们的工作不起作用的夸夸其谈。

第二节 把握关切

回应关切的前提是要知道对方的心理关切,即知道对方在关注什么,犹豫什么,准备干什么等,也就是要知道对方的内心世界。前面讲过,我们的心理关切是环境变化的产物,是对外界刺激的心理反应,这种心理反应会自觉不自觉地通过言行表达出来。所以,我们可以从言行和环境两个角度,或者说两条途径把握对方的心理关切,如图 4-1 所示。从言行和环境两个方面把握关切,是我们把握心理关切的基本方法,也是我们这门课程重要的学术创新和特色。

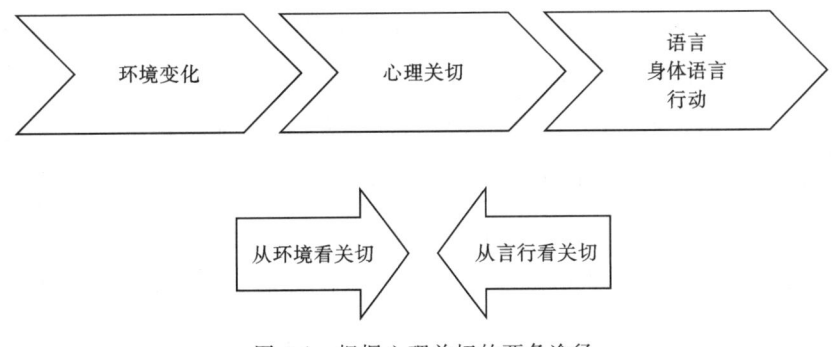

图 4-1 把握心理关切的两条途径

一、从言行看关切

古人说,虑之于心,宣之于口,成而行之。(参见《史记·周本纪》)意思是,环境的变化会引起我们的心理反应和理性思考,内心的想法会通过言论表达出来,如果得到大家的认同,就会付诸行动。这句话原本是强调可以阻止人们的言行,但阻止不了人们的思想,所谓防民之口,甚于防川。就我们讨论的问题而言,这句话也告诉我们,言行是内心关切最直接的信号。

当然,人们并不总是心里怎么想,嘴上就怎么说,特殊语境下,人们会说假话,说言不由衷的话,外在的言行既可以是内心关切的直接表达,也可能是内心关切的蓄意掩饰。我们在判断一个人的内心世界的时候,需要运用我们的所有的感官和认知渠道去判断对方的言行。所以,繁体字"聽"形象地表明了中国古人对倾听的深刻理解,不仅仅需要耳朵听,眼睛看,即眼观六路、耳听八方,还要聚精会神,用心倾听,如图4-2所示。

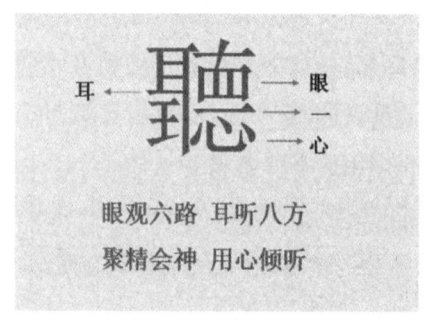

图4-2 用心倾听

孔子有两个学生,一个叫宰予,一个叫子羽。孔子一度非常欣赏宰予,因为宰予口齿伶俐,能言善道,其口才可以与子贡相媲美。但后来发现,无论是生活习惯还是思想倾向,宰予都不符合自己的要求。《论语》记载了两件事,一是宰予经常大白天睡觉,孔子骂"朽木不可雕也";二是宰予嫌守孝三年的时间太长,孔子骂"不仁"。相反,子羽相貌丑陋,口舌笨拙,孔子并不看好这个学生。但学成之后,子羽曾经为官一方,造福百姓,后来又四处讲学,跟随者数百人,成为当时很有影响的学者。因此孔子反省自己:"吾以言取人,失之宰予;以貌取人,失之子羽。始吾于人也,听其言而信其行。今吾于人也,听其言而观其行。于予与改是。"(《史记·仲尼弟子列传》)。意思是说,我以前仅凭言辞看人,结果高看了宰予,单纯地以外貌看人,结果低估了子羽。从此以后,我接受了教训,不再孤立地看人的一言一行,而是全面地观察对方的言行,综合分析判断对方的内心世界。

关于"听其言而观其行",通常的解释是,行动比言论更能反映人们的内心世界,因此,在识人断事方面,行动比言论更重要。实际上,孔子这里讲的,不是言论和行动的关系,而是外表(行动也是外在的表现)和内心的关系。这里的听和观都是分析和研究的意思,无论是言论还是行动都需要具体分析,都需要辨别真伪,才能把握对方的内心世界。从言行把握关切,需要注意三个问题。

首先,要善于从本能反应判断言行的真实性,也就是要善于通过身体语言判断内心关切。

人首先是一个生物体,情急之下的本能反应通常会直接反映一个人的内心关切。比如说,有所作为时的兴奋,无动于衷时的平静,犹豫不决时的焦虑等,这些身体语言往往是内心关切的真实流露。

其次,对公开场合的言行要谨慎。在任何文化背景下,公开场合都有约定俗成的规则,人们在公开场合通常都是用符合规则的方式比如说正确的、礼貌的方式表达,而不一定是内心关切的真实表达。譬如说,在公开场合,贪官污吏也可以慷慨激昂地反腐倡廉;瘾君子也会痛心疾首地哭诉毒品的危害等。当然,这不是说公开表达一定虚伪,而是说公开场合的言行需要其他信息佐证。

最后,对情绪激动时的言行要留有余地。现实生活中,人们在情绪激动时容易说一些过头话,做一些过头事。对于这些"气头上"的言行,不要急于作出反应,需要等到心平气和时才能观察到真实关切。

二、从环境看关切

"从言行看关切"和"从环境看关切"两个方面,不是彼此隔绝的,而是互相联结、互相印证的。从环境看关切,也包括根据环境判断一个人言行的真实性。那么,如何从环境判断言行的真实性呢?孔子提出了一个基本原则,我们不妨称为"观人三法"。"视其所以,观其所由,察其所安,人焉廋哉?人焉廋哉?"(《论语·为政》)意思是说,如果我们能够从三个角度去观察环境对人的影响,就不难判断一个人的内心关切及其言行真伪。

"视其所以",就是从环境看特定言行的原因,人们是受了什么刺激才这么说、这么做呢?包括为什么会说假话呢?

"观其所由",就是从环境看特定言行的目的,人们如此言行要达到什么目的呢?期待什么效果呢?

"察其所安",就是从环境看特定言行的效果,人们期待的效果能够实现吗?其承诺可以兑现吗?如果如愿以偿,则内心安宁;如果事与愿违,则内心难安。

"人焉廋哉","廋"即隐藏,意思是说,如果能够从以上三个方面去观察和分析环境对人的影响,那么,人们就没有什么可以隐藏的。或者说,以上三个方面,足以让我们把握对方的内心关切及其言行真伪。

孔子"观人三法"的核心是看人要客观,即判

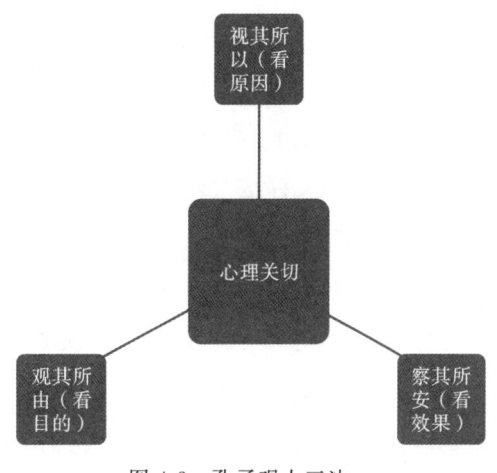

图 4-3 孔子观人三法

断一个人的内心关切及其言行真伪,要根据客观环境判断,需要多种信息互相印证,而不能一厢情愿地主观猜测。我们结合一个案例讨论孔子的"观人三法"。

案例 4-2　楚汉相争

秦朝末年,天下大乱。其中,项羽和刘邦率领的两支队伍是推翻秦王朝的有生力量,项羽的实力更强大一些。为了加速秦朝的灭亡,项羽和刘邦约定,两人中谁先攻入秦朝首都咸阳,谁就做新王朝的君王。

于是,二人兵分两路,向咸阳进发。由于未遇到激烈的抵抗,刘邦率先攻入咸阳。为了不影响老百姓的生活,刘邦将军队驻扎在咸阳城外,并与当地的头面人物约法三章,即除了禁止杀人、伤人和盗窃外,秦朝的严刑峻法一律废止,深得人民群众拥护。

由于遇到秦军的殊死抵抗,项羽后来逼近咸阳,但项羽仗着自己实力强大,拒不接受先前的约定,并扬言要与刘邦决一死战,争夺天下。在这种情况下,刘邦深知自己寡不敌众,表示接受项羽称王,自己对项羽俯首称臣。但是,项羽的谋士范增认为,刘邦拱手相让天下,只不过是迫于情势的权宜之计,此人不除,始终是项羽称霸天下的威胁,于是就设计了鸿门宴,准备杀了刘邦,以除后患。

奈何项羽经不住刘邦的花言巧语,放过了刘邦,并封其为汉王,驻守西川,只不过是让其远离政治中心而已,范增懊恼不已。后来的历史正如范增预言的那样,楚汉相争,以项羽的失败而告终。

项羽进入咸阳之后,杀了已经投降的秦朝皇帝,烧了秦宫,然后带着队伍返回江东,也就是今天的安徽。当地一位绅士蔡生劝项羽,说咸阳是国家的首都和政治中心,易守难攻,俯瞰中原,是一统江山的战略要地,不能离开。项羽说,如今得了天下,不回去光宗耀祖,那不就像穿上漂亮的衣服在夜里走路一样吗(锦绣夜行),我夺取江山又有什么意义呢?蔡生大失所望,骂项羽"沐猴而冠",意思是项羽虽然称王了,但是胸无大志,不足以君临天下,就像猴子虽然戴上了人的帽子,仍然是只猴子,项羽的江山长久不了。项羽恼羞成怒,将蔡生烹了。

这个案例提出了两个问题,第一个问题,范增凭什么断定刘邦俯首称臣是权宜之计呢?范增的解释是,刘邦这个人出身卑微,一贯贪财好色,但是进入咸阳之后能够约法三章,显然并不在意一城一池的得失,而是志在天下。换句话说,约法三章是刘邦的自由选择,体现的是真实的内心追求,由约法三章可以断定,刘邦本质上是一个有野心、志在天下的人,而对项羽俯首称臣,则是情势所迫,是寡不敌众的权宜之计。这告诉我们,判断一个人的内心关切,言行真伪,不能以只言片语论短长,不能以一时成败论英雄,而是要综合所有的信息联系环境刺激具体分析,才有可能得出符合实际的结论。

范增的分析,既是从言行看关切,也是从环境看关切。约法三章和俯首称臣都是刘邦的言行,但一个真实,一个虚伪,判断言行真伪的客观依据是环境对人的影响。一般来说,在可以自由裁量的环境下作出的决策,体现的是内心关切,而情势所迫下的言行与内心关切之间则存在着较大的不确定性。

第二个问题,蔡生为什么能够断定项羽的江山不能长久呢?

首先是从言行看关切。从锦绣夜行的言辞看,项羽这个人更看重老百姓的鲜花和掌声,对满足自己虚荣心的关切甚于对国家长治久安的谋划。

其次从环境看关切,主要是察其所安。一个热衷于衣锦还乡、光宗耀祖的人,显然是不能担负国家长治久安的重任的。项羽推翻了秦朝之后,开历史倒车,将秦朝统一的江山分封成许多国家,自己只是甘心于当楚王、楚霸王,所以战乱不断,项羽主政期间,国家实际上处于分裂的状态,刘邦这才有了可乘之机。所以,有没有刘邦,项羽都是要被历史淘汰的。这个案例可以归结为两句话:从约法三章看刘邦志在天下,从衣锦还乡看项羽不似人君。

总之,把握一个人的心理关切,是一个非常复杂的思维过程,不存在什么捷径和诀窍,需要具体问题具体分析。但是我们一定要确立这样一种观念,看一个人的内心世界,不仅仅是听他说什么,看他做什么,还要根据外在的环境来判断这个人为什么要这么说,这么做,以及在特定环境下,如此关切有什么价值,如此言行能否实现期待的未来等。

第三节 推测与悟性

俗话说,人心隔肚皮,知人知面不知心。把握心理关切,实际上是一个根据外在的信息包括言行和环境等因素推测内心世界的思维过程。在这个过程中,我们力图找到外在信息与内心关切之间确定的联系,即有什么样的言行,就一定有什么样的心理关切,如果能够在外在信息与内心关切之间建立起函数关系,无论这个函数多么复杂,我们的推测将是一个科学的、确定的思维过程。

一、悟性

然而,相对于人类这个特殊的认知对象而言,至少到目前为止,推测内心关切的有效数学模型还没有出现,即使我们全面地掌握了职场交流的知识,也不能保证我们对他人的内心关切始终能够作出准确的判断。这是因为,在推测过程中,悟性这个非理性的、不确定的因素会起作用。

悟性(Sensitivity),也称直觉,是一种非理性的认知能力,主要包括本能和经验。本能就是求生的欲望和趋利避害的心理倾向,前面讲的外表、面子和领地等都属于本能的范畴。经验包括我们曾经亲身经历的成功的经验和失败的教训,长期从事某一项工作会形成特殊的职业敏感性,这种敏感性就是经验。在实际生活中,本能和经验会自觉或者不自觉地影响我们对环境和他人言行的判断和应对,尤其是在面对始料未及的突然变化时,悟性甚至是我们作出反应的基本依据。

前面讲过,把握他人的内心关切需要多方面的信息。然而,在现实生活中,很多情况下容不得我们搜集充分的信息,充分地征求意见,譬如说,机会转瞬即逝之时,千钧一发之际,需要我们在不完全信息条件下当机立断,否则,机会稍纵即逝,或者大难临头。经济学的研究表明,由于信息是有成本的,在不完全信息条件下作出决定是决策的基本形态。在不完全信息决策中,悟性不可避免地会发挥作用。

大家都熟悉《三国演义》中"空城计"的故事。马谡失街亭之后,诸葛亮身边只有为数不多的老弱病残,没有战斗力了。这个时候,司马懿率领大军赶来,把诸葛亮所在的城池团团围住,按照战场上的逻辑,诸葛亮只能束手就擒。可是,诸葛亮急中生智,大开城门,让一些老弱病残在街道上打扫卫生,自己在城楼上悠闲自得地弹琴。一般来说,在你死我活的战场上,没有强大的兵马作为后盾,作为一方将帅不敢如此冒险。而司马懿生性多疑,没有获胜的把握不会轻举妄动,面对如此场面难免心生疑惑,恐有埋伏,最后退兵而去,诸葛亮得以侥幸脱险。

诸葛亮利用了司马懿惧怕埋伏的心理关切,营造出埋有伏兵的假象,骗过了司马懿。然而,在战场上,这毕竟是铤而走险的下策,假如说司马懿不吃这一套,长驱直入,诸葛亮只能当俘虏,故后人不敢复制。诸葛亮出此下策,完全是求生的本能使然,不出此下策,同样要当俘虏。现实生活中的"急中生智",通常都是悟性在起作用。

由此可见,悟性既是宝贵的认知能力、反应能力,同时也有很大的不确定性,依赖悟性决策难免侥幸,或者说存在着很大的风险。我们之所以要接受教育、学习理性知识譬如各种原理、逻辑和数学等,就是要尽可能减少产生于悟性的不确定性。不仅如此,悟性甚至会干扰我们后天习得的理性知识。一个普遍的现象是,对面子和领地过于敏感,通常会妨碍我们对他人作出理性的判断和得体的应对。

二、归因及其偏差

传播学中,通过外在言行推测内在关切的过程也称为归因,即归结原因。归因过程中,由于悟性的作用,难免出现偏差,即归因偏差。例如,在课堂上,大家都在认真听讲,可是有一个同学在睡大觉,课堂上睡觉可能有如下一些原因:

1)这个同学一贯吊儿郎当,学习态度不端正;

2)这个同学学习基础差,对于老师讲的内容听不懂;

3)这个同学的父亲是官员,家境优越,前途无忧,学不学习无所谓;

4)这个同学昨天晚上照顾生病的同学,一晚上没睡觉,今天课堂上坚持不住了;

5）老师的课讲得不好,老生常谈,枯燥乏味。

老师推测学生在课堂上睡觉的原因,几乎不会考虑自己的课讲得好不好,而会本能地倾向于认为一定是学生的原因,这就是自利性归因偏差,即将消极言行的原因归结于他人,而将积极言行的原因归结于自己。自利性归因偏差的普遍表现是,面对失败和挫折,人们首先想到的是他人的过错;面对成绩和荣誉,人们首先想到的是自己的贡献。老师的自利性归因偏差是,如果学生有出息,那是老师的功劳,如果学生没有出息,那是学生自己不努力。自利性归因偏差通常是趋利避害的本能在起作用。

一个人的言行,既有主观的愿望,也有客观的原因。但在归因过程中,对于他人的过错,我们通常会倾向于认为是他人的主观故意,而有意无意地忽略客观环境的影响;而面对自己的过错,我们通常会找客观原因,而自觉不自觉地回避自己的主观过失,这就是基本归因偏差,即他人的过错一定有主观原因,而他人的成绩不过是走运而已;相反,自己的过错总是客观原因造成的,而自己的成绩完全是主观努力的结果。

面对学生在课堂上睡觉的行为,作为老师,通常会感到自己的尊严受到冒犯,会本能地反感甚至情绪激动,在上例中,老师通常会认为学生在课堂上睡觉一定是素质差,要么是学习态度不好,要么是学习基础差,根本不会考虑这种消极行为可能存在客观原因,譬如说因为照顾同学整晚没睡等。

最后是过度归因偏差,即人们倾向于用自己看重的某个因素解释他人的全部行为。譬如说,如果我特别看重家庭环境对学生的影响,并且对官员的家庭教育存在偏见,就容易将课堂上睡觉的行为看成是官二代的玩世不恭。

显然,如果让同学们来推测课堂上睡觉的原因,通常会与老师的推测不尽相同,至少不会自发地排除老师的课讲得不好这一原因。

三、"子绝四"

由于悟性的作用和认知能力的局限和不足,根据可以观察到的信息推测他人的心理关切通常存在着不确定性,故孔子告诫我们,在把握他人内心关切的过程中,应该拒绝四种倾向,即"子绝四:毋意,毋必,毋固,毋我。"(《论语·子罕》)

"毋意",就是不要凭空猜测,主观臆断。推测不是无端猜测,对于他人内心关切的推测要有言行依据、环境依据,也就是看人要客观,不要一厢情愿地想当然。

"毋必",即使推测有依据,我们也要警惕外在的信息与内在关切之间的联系是不确定的,通常不存在确定的函数关系,人们遇到困难,既可以迎难而上,也可以知难而退,相同的言行可以体现不同的关切,要避免根据只言片语断定一个人的内心世界。

"毋固",正因为外在的信息同内在的关切之间存在着不确定性,所以,对于推测结论要留有余地,也就是要为可能的推测失误做好准备,以作万全之策。我们之所以说"空城计"是铤而走险,是因为一旦司马懿看穿了诸葛亮的计谋,诸葛亮就只能束手就擒,毫无退路。无论是在生活中还是在工作中,留有余地是我们应对不确定性的重要方法,这个问题后面还会继续讨论。

"毋我",就是要避免仅凭个人好恶推测他人的关切。在"子绝四"中,这个是最为根本的,主观臆断、固执己见和孤注一掷等极端行为,通常是用自己的好恶包括一厢情愿代替理性思考的结果。

总之,把握他人的内心关切是一个复杂的思维过程,这个过程难免存在不确定性,虽然学术界总结了许多原理和方法,这些原理和方法可以减少我们识人断事的不确定性,但并不能完全消除这种不确定性。面对他人的内心世界,我们每个人都有看不清、看走眼的时候。清醒地认识到推测的不确定性并且为反应留有余地,是我们应对推测不确定性的根本途径。

第四节　把握分寸

回应关切除了要警惕我们的主观局限性以外,还要求我们充分认识并适应人类行为本身的不确定性。人类行为的不确定性主要包括个体反应的能动性和人际关系的微妙性,适应行为不确定性的主要方法是把握分寸和留有余地。

一、个体反应的能动性

前面讲过,人首先是一个生物体,面对外在刺激会产生本能的或者说自然的反应,如爱面子和保护领地等,但是,今天的人更是文明和教育的产物,对外在刺激不限于本能的反应,甚至会控制本能的反应。譬如说,我们推动一块石头,这块石头会有一个确定的反作用力,这是简单的物理学常识。但是,我们给人一个耳光,对方可能是拳脚相加地激烈报复,也可能是迫于恐惧的服从,还有可能是忍辱负重,笑脸相迎,被你打了左脸,再伸过来右脸。"坐怀不乱"和"唾面自干"这两个成语,反映的就是人们可以控制甚至操纵本能的反应。

人类个体面对外在刺激的反应通常是不确定的,我们称为个体反应的能动性,简称能动性。显然,这种能动性是文明和教育的产物。孔子讲:"性相近,习相远。"(《论语·阳货》)就我们这里讨论的问题而言,孔子这句话的意思是说,面对相同的外在刺激,人们的本能反应大体相同,但由于教育的作用,一些人可以有超出本能的反应。譬如,孔子说:"一箪食,一瓢饮,在陋巷,人不堪其忧,回也不改其乐。贤哉回也。"(《论语·雍也》)意思是说,生活贫困会使人们心情沮丧,颜回却能够乐在其中,因为颜回是一个受过教育的人。

西方学说着眼于人的行为的确定性,注重某种因素譬如说心理的、理性的和物质条件等对人的行为有确定性的影响,是一种人的行为决定论,种种人的行为决定论被称为社会科学,人的行为同自然对象一样,都是有确定的规律可循的,所以,研究人的行为的学说同自然科学一样,也是科学。而中国古代圣贤认为,行为决定论只适合于普通群众,而对于受过教育的人来说,其行为是能动的。"无恒产而有恒心者,惟士惟能。若民,则无恒产,因无恒心。"(《孟子·梁惠王上》)这句话的意思是,普通群众追逐物质利益的行为是确定的,如水下流一样,但对于知识分子个体来说,其行为并不受物质条件的束缚,所谓"富贵不能淫,贫贱不能移,威武不能屈。"(《孟子·滕文公下》)

相比较而言,西方社会科学比较关注群体行为的确定性,而中国传统文化则更关注个体行为的能动性,教育的作用就在于将个体的行为从群体行为模式中解放出来,让个体的反应更灵活,更具有创造性。在这个意义上,我们说中国传统文化是人文倾向的。事实上,面对相同的外在刺激,具有相同心理特征的人可以有不同的反应;相同的物质条件下,既可以是土豪劣绅,也可以是开明绅士,诸如此类。

群体行为的确定性和个体行为的能动性都是客观存在的。在实际交流中,我们要避免用群体行为的确定性代替对个体行为能动性的观察与思考,也就是要避免刻板印象对于我们的干扰。所谓刻板印象(stereotype),主要就是用群体行为模式(包括许多似是而非的教条)推论个体的行为,譬如,老年人一定啰嗦,女性一定软弱,富家子弟一定放荡,名校毕业的学生一定能干,领导一定高明等。凭借群体印象推测个体行为是经常出现的过度归因偏差,通常是靠不住的。

二、人际关系的微妙性

人际关系的微妙性是指人际关系的不确定性,主要包括两个互相联系的方面。

首先是指人与人之间亲密程度差异缺乏明确的界线和标识。第二章讲过,人际亲疏是一个连续的序列,在亲疏数轴上彼此相邻的两点之间,不存在明确的界线,或者说,亲密程度的差异比较微小、模糊。譬如说,我们可以体验到同事和朋友之间的区别,但是,我们很难明确地指出二者之间有什么客观的标准,现实生活中,我们可以感受到自己与身边的人亲疏不一,但具体到某个人,可能介于同事与朋友之间,或者两可之间。再比如说友情与爱情之间的区分也是微妙的,很难说什么样的行为只是友情,什么样的行为一定是爱情的专属,等等。

其次是指人际关系的敏感性,即人际关系容易因为外在刺激而发生不确定的变化,陌生人可以一见钟情,亲密的人也可能因为一言不合而疏远。比如,两个青年男女交往比较频繁,如果旁边的人说他们在谈朋友,这两人可能真的就谈朋友了,但是也可能因为这个刺激,两人慢慢地变得疏远。人际关系会因为外界的刺激发生变化,而且变化的方向和程度具有不确定性,即使是同一个人,今天不一定会继续昨天的行为,因此德维托说:"10年后的史密斯不一定是 10 年前的史密斯。"大数据可以根据过去预测群体未来的行为,但对于个体而言,只是一个概率,并不必然。

微妙性意味着人际关系不可试验,更准确地说,对人际关系的试验会改变人际关系。譬如说,单位就一项新的决定在员工中进行问卷调查征求意见,我们在填写这个问卷的时候,不一定表达我们的真实想法,不仅如此,许多员工还会因为这个动议而采取新的对策。人际关系不同于自然界,我们对土壤采样化验,不会改变土壤的性质,但我们对人的试探会改变对方的行为。

案例 4-3   曹操煮酒论英雄

《三国演义》中有一个曹操煮酒论英雄的故事。当时,曹操控制了汉献帝,虽然只是丞相,但实际上控制了朝廷,所谓"挟天子以令诸侯"。刘备有心争夺天下,但是实力不济,无奈之下暂时寄托在曹操麾下,以种菜掩人耳目。刘备是皇帝的叔叔,手下有张飞和关羽两名大将,能征善战,如果能够效忠于曹操,当然是曹操可以倚重的力量,但正因为如此,刘备也具备争夺天下的威望和实力,一旦有野心,非常危险。因此,曹操本人及其手下对刘备始终放心不下。

曹操既想刘备为自己所用,又担心刘备谋反,犹疑不决,于是试探刘备。一天,曹操邀请刘备青梅煮酒。酒酣耳热之际,曹操拉着刘备的手说,放眼天下,当今英雄,就你我二人。刘备一听,吓得手上的筷子都掉了。当时天下未平,各路诸侯都在与曹操争夺天下,现在,曹操把这些人都不放在眼里,而说寄人篱下的自己是英雄,显然是怀疑自己有野心。事不宜迟,趁早逃命,于是借故离开,脱离曹操的控制,临行前,曹操还让刘备带走了一支队伍。

煮酒论英雄本来是曹操对刘备的试探,但是也暴露了曹操对刘备的怀疑。如果没有这次试探,两人还可以暂时相安无事,刘备还会在曹操的掌控之中,随着曹操的节节胜利,刘备最终投靠曹操也不是没有可能,而这次试探迅速使二人势不两立。

三、留有余地

人类行为的不确定性,要求我们在实际交流过程中要注意把握分寸和留有余地。从字面上看,分寸就是细小、细微的意思,把握分寸,首先是要适应人际关系的微妙性,也就是要把握人际关系细微、模糊的边界,避免过激反应和破坏性的后果。

人际亲疏是一种情感关系,相当程度上是一种主观体验。例如,对于两人之间的关系,双方可能体验不一样,一方认为是朋友,另一方可能认为只是普通的同事关系;一方希望进一步走向亲密,另一方只希望保持现状,等等。能够准确地把握双方关系期待的差别,就是所谓的分寸感。

我们在与人交流的时候,既要实现自己的期待,比如说我们希望对方与我们合作,希望对方帮助我们,希望对方作出让步,但也要准备对方反应的多样性,对方可能顺从我们,也可能拒绝我们。所以,把握分寸的另一个要求是我们的关系期待要适度,请求要循序渐进,不要与对方的期待产生明显的冲突,避免不必要的唐突和尴尬。

与把握分寸相联系的是留有余地,即我们提出请求时要给双方留下选择的空间。我们希望对方顺从我们,但也要给对方冠冕堂皇地拒绝我们的理由,即使对方拒绝我们,我们自己也能够保全面子。这就要求我们的请求不要生硬、不要命令,而要委婉,可以商量。尤其是当我们对对方的期待没有把握的时候,留有余地就显得非常重要。

民间有一句话:"生意不成情义在"。我们之所以提倡把握分寸和留有余地,就是要尽可能避免因为某一个请求被拒绝而使关系恶化,甚至反目成仇。即使是亲密关系,彼此之间的拒绝和冲突也在所难免,成熟的亲密关系包括能够妥善地处理彼此之间的冲突和不愉快,保持健康的人际关系。

人是万物之灵,能动性、微妙性、把握分寸和留有余地等,这些是人类不同于自然界其他对象的特征,也是人文学科特有的范畴,学习人文学科特有的乐趣,我们要避免用自然科学的确定性思维剪裁人文现象。

第五节 案例分析

《触龙说赵太后》是中国历史上一个经典的君臣交流案例,我们用这个案例作为前面内容的总结和运用。

案例4-4 触龙说赵太后

公元前265年,赵国的君王赵惠文王去世不久,其长子孝成王即位,因为孝成王年纪小,实际上是自己的母亲赵太后把持朝政。秦国利用赵国权力交接的时机进攻赵国,赵国弱小,打不赢秦国,于是请求齐国出兵解围。齐国回答说没有问题,但需要将新国王的弟弟也就是赵太后的小儿子长安君作为人质。

在战国时期,将君王的亲人作为人质,是国与国之间互相结盟的普遍做法,如果一方背弃盟约,另一方就会拿人质问罪。当时,赵国处于危难之际,齐国的这一要求并不过分,所以,赵国的官员都主张满足这一要求,换得齐国出兵,解除赵国所受的威胁。

但是,赵太后很疼爱这个小儿子,担心长安君的安危,坚决不答应,下属反复劝说都听不进去,最后赵太后大发雷霆:哪个人再提让我的儿子到齐国去做人质,"老妇必唾其面",通俗地说,谁再说让我的儿子去做人质,老娘就要骂人了。赵太后态度如此坚决,也就没有人敢吱声了。

就在这种情况下,左司触龙请求面见太后。左司相当于今天的什么职务,其说不一。不过,既然可以面见君王,讨论家国大事,应该是君王的亲信和朝廷的高官。太后知道触龙的来意,所以阴沉着脸等着他("盛气而胥之")。心想,我说了不提人质的事,这个触龙怎么还敢来自讨没趣呢。

　　触龙见了赵太后,行君臣大礼,压根不提人质这件事,而是说自己腿脚不方便,好久没有见太后了,甚是想念,故今天来拜见太后。接着,触龙对太后的饮食起居嘘寒问暖,并交流自己的养生经验,建议太后适当运动,对身体有好处。太后见触龙不提人质,只是谦卑地关心自己,所以情绪缓和了许多("太后之色少解")。

　　触龙接着说,太后呀,我这次拜见您老人家,还有一个冒昧的请求。我有一个幺儿子,名叫舒祺,十五岁,我甚是疼爱,希望太后能在宫廷为他谋得一份保安的职业,如果能够承蒙太后关照,儿子有一份工作,能够自己养活自己,我死也瞑目。

　　朝中重臣,为自己的儿子找一份普通的工作,并不过分,太后便满口应承下来。并且开玩笑道,想不到你一个大老爷们也疼爱孩子。触龙说,可怜天下父母心,男人更关爱子女呢。太后这个时候心情好了许多,笑着说,那还是女人更在乎孩子(**太后笑曰:"妇人异甚。"**)。

　　触龙顺着子女的话题继续说,不过,我认为太后疼爱女儿胜过疼爱儿子。太后矢口否认道,左师错了,我可是更疼爱长安君呀。

　　触龙说,父母之爱,在于关心子女的长远。想当年,公主出嫁到燕国,太后担心女儿远嫁他国受罪,拉着女儿哭得很伤心,母子连心,满城动容。但是自此之后,太后又经常在家里祷告女儿不要回来。因为在那个时代,女性的地位不高,嫁出去的女儿不像现在可以经常回娘家。如果被婆家赶出来,那是莫大的耻辱。太后虽然挂念女儿,但是又经常祷告女儿不要回来,就是希望燕后早生贵子,早为王母,就是为女儿想得长远。太后听了很高兴,表示是这样的("然")。

　　触龙接着问太后,咱们赵国自立国以来,王侯将相的子孙有继承父辈职位的吗?太后回答说,没有,其他国家也没有听说。触龙解释道,为什么会这样呢,难道是王侯将相的子女不争气、不中用吗?不是的,而是这些孩子没有为国立功的机会,子女没有功劳也就继承不了父辈的职位。如果没有功劳而位高权重,难免众人不服,甚至招人嫉恨,**"近则祸及其身,远则及其子孙。"**

　　触龙接着说:如今太后封自己的小儿子为长安君,封地肥沃,锦衣玉食,位高权重,没有人敢惹他。可是,一旦太后百年之后,长安君对国家没有功劳,何以服众呢;我觉得太后为自己的女儿想得长远,而对长安君却没有考虑得那么周全,所以呀,我觉得太后爱女儿胜过爱儿子。

　　触龙的一席话,提醒太后关心身后事。是啊,如今我健在,没有人敢欺负长安君,一旦我撒手人寰,长安君凭什么发号施令呢。赵太后当然明白触龙的意图,于是说,也罢,我将长安君交给你安排吧("**恣君之所使之**")。

在触龙的精心安排下,长安君隆重地出使齐国,换来了齐国出兵,解除了赵国的威胁。后人感叹道,君王的子女尚且不能无功受禄,何况普通人呢?

附录 《触龙说赵太后》原文

赵太后新用事,秦急攻之。赵氏求救于齐。齐曰:"必以长安君为质,兵乃出。"太后不肯,大臣强谏。太后明谓左右:"有复言令长安君为质者,老妇必唾其面!"

左师触龙言愿见太后。太后盛气而胥之。入而徐趋,至而自谢,曰:"老臣病足,曾不能疾走,不得见久矣,窃自恕,而恐太后玉体之有所郄也,故愿望见太后。"太后曰:"老妇恃辇而行。"曰:"日食饮得无衰乎?"曰:"恃粥耳。"曰:"老臣今者殊不欲食,乃自强步,日三四里,少益耆食,和于身也。"太后曰:"老妇不能。"太后之色少解。

左师公曰:老臣贱息舒祺,最少,不肖,而臣衰,窃爱怜之,愿令得补黑衣之数,以卫王宫。没死以闻!"太后曰:"敬诺。年几何矣?"对曰:"十五岁矣。愿及未填沟壑而托之。"太后曰:"丈夫亦爱怜其少子乎?"对曰:"甚于妇人。"太后笑曰:"妇人异甚!"对曰:"老臣窃以为媪之爱燕后贤于长安君。曰:"君过矣,不若长安君之甚。"左师公曰:"父母之爱子,则为之计深远。媪之送燕后也,持其踵为之泣,念悲其远也,亦哀之矣。已行,非弗思也,祭祀必祝之,祝曰:'必勿使反。'岂非计久长有子孙相继为王也哉?"太后曰:"然。"

左师公曰:"今三世以前,至于赵之为赵,赵王之子孙侯者,其继有在者乎?"曰:"无有。"曰:"微独赵,诸侯有在者乎?"曰:"老妇不闻也。"曰:"此其近者祸及身,远者及其子孙,岂人主之子孙则必不善哉?位尊而无功,奉厚而无劳,而挟重器多也。今媪尊长安君之位,而封之以膏腴之地,而不及今令有功于国,一旦山陵崩,长安君何以自托于赵?老臣以媪为长安君计短也。故以为其爱不若燕后。"太后曰:"诺。恣君之所使之。"

于是为长安君约车百乘,质于齐,齐兵乃出。

子义闻之曰:"人主之子也、骨肉之亲也,犹不能恃无功之尊,无劳之奉,以守金玉之重也,而况人臣乎?"

——《战国策·赵四》

经过与触龙的交流,赵太后从开始的"老妇必唾其面",到后来的"恣君之所使之",态度发生了180°的大转弯,这个过程给我们什么启示呢?

启示一 察其所安

我们前面讲过,把握一个人的内心关切,不仅要看言行,还要看环境。从言行看,赵太后拒绝长安君作为人质,而且态度非常坚决,所谓"老妇必唾其面"。但是从环境看,如果长安君不出使作人质,齐国就不会出兵,赵国将危在旦夕。尽管态度坚决,但赵太后作为赵国的君王,内心是不得安宁的,这是触龙敢于去劝说赵太后的根本原因,也是赵太后最终接受劝说的根本原因。

这个案例告诉我们,交流不是孤立的,而是产生于环境变化。有效地应对环境变化才是交流的价值所在,也是我们评价交流成败的根本标准。

启示二 回应关切

抽象地讲,在秦国大军压境的环境变化面前,赵太后关心的是儿子的命运,而没有考虑国家的安危,在这个意义上,赵太后是目光短浅的。但是,作为母亲,关心子女的安全,也无可厚非,莫说一国君王,就是寻常百姓,也是可以理解的。如果触龙进门就批评赵太后不顾国家安危,不顾子孙长远,完全是妇人之见,那不仅仅是"老妇必唾其面"了,很有可能连性命都没有了。

触龙没有上纲上线地批评赵太后不顾国家安危,而是充分肯定赵太后关爱子女的心理关切,自己也关爱子女,并且用太后自己关爱女儿的经验提醒太后,要关心长安君的长远,要顾及太后百年之后长安君何以立足于赵国。触龙肯定并回应太后关爱子女的心理关切,将问题定位到作为父母应该如何关爱子女,显得知心知己,其意见容易被太后接受。

前面讲过,当一个人态度坚决的时候,通常会拒绝批评,更何况是面对君王,故触龙此行的风险很大。在这个案例中,触龙自始至终没有批评太后,而是充分肯定太后,用太后作为一个优秀母亲的经验提醒太后对长安君考虑得不周全,让太后在保持尊严的前提下改正自己的错误,这样的批评艺术也是值得我们学习的。

启示三 把握分寸

在这次充满风险的君臣交流中,触龙没有自恃出于好心和观点正确直言冒犯君威,而是把握分寸,既实现了自己的期待,也没有与君王的期待相冲突。当赵太后"盛气而胥之"的时候,触龙只是谦卑地嘘寒问暖;当太后情绪缓和("色少解")的时候,提出为自己儿子找工作的请求;当太后心情开朗("笑曰""然")的时候,才提醒太后要关心自己的身后事,为儿子作长远打算,最终达到了太后同意长安君出使人质的目的("恣君之所使之"),这个过程如图 4-4 所示。

图 4-4 触龙说服赵太后的过程

交流过程是双方的互动,触龙顺应太后的期待改变了太后的态度,随着太后态度的变化,触龙推进了自己的期待,这样一种把握分寸的交流在不断地推进关系走向亲密,走向互信,最后达到了此行的目的。

启示四　留有余地

既然君王有言在先,触龙自始至终没有提人质的事,既保全了自己,也给太后留下了面子。对太后的批评,没有上纲上线,没有戴大帽子,仅仅限于爱儿子不及爱女儿,将整个交流控制在唠家常的范围内。即使太后固执己见,也不方便加罪于触龙。

在实际交流中,我们面对他人的过错,容易上纲上线,夸大其词,似乎越是这样越容易让对方改正自己的错误。事实上,上纲上线很容易引起对方的警惕和反感,往往事与愿违,甚至引火烧身。触龙留有余地的交流方式是值得我们认真学习的。

启示五　顺从

在后人关于《触龙说赵太后》的解说中,大多是赞美触龙,贬斥赵太后的,认为触龙大智大勇,而赵太后心胸狭隘,目光短浅。这段交流过程是触龙说服了赵太后,或者说是触龙战胜了赵太后。其实,这种观点是非常片面的,也是十分有害的。

前面讲过,交流是双方的互动,成功的交流总是包含着一方的顺从。没有赵太后的顺从,触龙的智慧也是白搭。赵太后放下君王之尊,接受下级的批评,放弃自己的主张,也是值得称道的。试想,如果赵太后固执己见,一言九鼎,覆水难收,其结果将是"一言以丧邦"。

所以《触龙说赵太后》,不是谁说服了谁,谁改变了谁,谁战胜了谁,而是君臣共同形成了正确的决策。实际工作中,无论一线员工,还是身居高位的领导,错误在所难免,都有犯糊涂的时候。然而,知错能改,善莫大焉。在这个案例中,不仅触龙是值得我们学习的,赵太后也是值得我们学习的。

基本概念

心理关切、关注—过滤机制、犹豫、态度、治疗性倾听、批评性倾听、欣赏性倾听、悟性、归因、自利性归因偏差、基本归因偏差、过度归因偏差、能动性、微妙性、刻板印象、分寸感、留有余地

基本观点

(1)职场交流不是孤立的,而是对客观环境变化的积极应对,职场交流的目的是实现单位的发展目标和员工的职业追求,评价职场交流的根本标准是看效果。

(2)个体的心理关切是产生于环境变化的心理反应,包括关注、犹豫和态度等要素。有效

地回应关切需要能够解答对方的关注,缓解对方的焦虑,赞赏或者批评对方的态度等。赞赏和批评要有利于促进工作,批评要与对方对自己的信任程度相适应。

(3)要从言行和环境两个方面把握一个人的心理关切,即不仅仅是听这个人说什么、做什么,还要根据外在的环境来判断这个人为什么要这么说、这么做,以及如此关切能否实现期待的未来,等等,也就是要视其所以,观其所由,察其所安。

(4)在观察和回应心理关切的过程中,悟性不可避免地起作用。一方面,悟性是宝贵的认知能力,另一方面,悟性也会增加观察和回应关切的不确定性,在由外在的言行推测内在的心理关切的过程中,要做到毋意、毋必、毋固、毋我,尤其要警惕归因偏差。

(5)一方面,由于主观因素的影响,另一方面,因为人类行为的能动性和微妙性,我们对一个人内心世界的观察难免具有不确定性,这就要求我们在观察和回应关切的过程中,注意把握分寸和留有余地。

练习与思考

1. 指出下面的观点哪些是正确的,哪些是错误的,并简要说明理由。

(1)为了促进工作和实现个人价值,我们应该对任何环境变化保持高度关注。

(2)英明的领导不会在环境变化面前犹豫不决。

(3)案例 4-1 表明,礼貌并不是影响交流成败的决定性因素。

(4)员工之间的批评应该与彼此之间的信任程度相适应。

(5)对于领导作出的决定,应该表示赞赏。

(6)"听其言而观其行"的意思是,行动是一个人内心关切的直接表现。

(7)对于同事气头上的极端言行,要留有余地,更不能以此作为把柄攻击对方。

(8)孔子讲的"察其所安",是指观察和评估对方态度的客观效果,是判断对方是否可以改变态度的重要方法。

(9)在作出重大决定时,应该尽可能掌握充分的信息,避免悟性起作用。

(10)他人的错误一定是主观故意,自己的错误总有客观原因,这是典型的归因偏差。

(11)"985 高校的毕业生比其他高校的毕业生更有能力",这是典型的刻板印象。

(12)在大数据时代,我们每个人的行为都是可以预料的。

(13)问卷调查的结论一般来说是真实可靠的。

(14)对人的试探会改变对方的态度和行为。

2. 结合案例 4-4 回答下列问题。

(1)在赵太后态度十分坚决的情况下,为什么触龙敢于劝说赵太后改变态度?

(2)请指出触龙和赵太后之间关系的微妙性。

(3)为什么触龙不直接批评赵太后不顾国家安危?

(4)在劝说赵太后的过程中,触龙是如何把握分寸的?

(5)触龙的劝说给双方都留有余地,这主要体现在哪里?

(6)为什么说不是触龙说服了赵太后,而是君臣共同形成了正确的决策?

第 五 章

非 亲 密 交 流

现实生活中，我们既要与亲密的人交流，也要与情感上比较疏远的人合作共事，这种非亲密关系的交流是更为普遍的职场交流，即同事之间的交流。第五章分为四节，依次讨论远而敬之、隐恶扬善、直面冲突和管理互动等，这些既是非亲密交流的基本规则，也是非亲密交流的基本伦理，其目的是建立和保持健康有效的同事关系、同志关系。亲密交流与非亲密交流不是绝然分开的，更不是互相对立的，而是可以互相转化的。以上规则虽然不一定能够促进非亲密关系发展为亲密关系，但可以有效地避免走向对抗。通过本章的学习，需要重点掌握以下知识。

（1）自己的优点和他人的缺点都不是瞧不起人的理由，瞧不起人本身就是缺点。

（2）隐恶扬善是重要的团队精神，以攻击他人为目的的交流是无效的、不道德的。

（3）职场上的冲突难以避免，但要尽可能避免因为工作上的分歧而结下私怨。

（4）恶性互动不仅无助于解决问题，还会恶化人际关系，主动退出或终止恶性互动不是怯懦，而是智慧。

第一节　远而敬之

前面强调，人际亲密非常重要，既是我们个人的精神需要，也能使我们与同事之间的合作更为愉快，更为顺畅。但是，民间也有一句话，相识满天下，知心能几人。工作中的朋友关系总是少数人，我们与大多数人只是普通的同事关系，这是正常的职场现象。首先需要强调的是，有许多个性化的因素会影响人际亲疏，所以，不要以亲疏论人品，以亲疏论高下，不要认为跟自己关系亲密的人就是人品好，有本事；与自己疏远的人就是三观不正，不值得交往。

在这个问题上，咱们古人是有分歧的。孔子说过一句话："无友不如己者。"意思是说，不要与比自己差的人交朋友，而要与比自己强的人交朋友。孔子的学生子夏因此要求自己的弟子与可交的人交朋友，不要与不可交的人来往，"可者与之，其不可者拒之。"这种思想对我们中国人的影响非常大，我们家长通常会教育自己的孩子，与优秀的同学玩，不要和调皮捣蛋的学生在一起。将周围的人区分为"可交"与"不可交"，就有轻慢他人的意味。

但是，孔子门下的另一个学生子张针锋相对地提出了不同的意见：

君子尊贤而容众，嘉善而矜不能。我之大贤与，于人何所不容？我之不贤与，人将拒我，如之何其拒人也？（《论语·子张》）

笔者比较赞成子张的主张，年轻人既要出类拔萃，又要能够与普通群众打成一片（容众），既要向往强者，也要同情弱者，不要因为自己优秀而成为孤家寡人。在现代社会，一个人再有本事，没有同事们的支持和配合，也是难有作为的。

职场上，人品有高下，能力有大小，职务有高低，等等。然而，这些都不是人际关系紧张的理由。我们有一些年轻人,自己很优秀,但人缘不好,结果一事无成。这种情况要问自己:为什么自己优秀旁人却不认可我们呢?导致这种局面的一个重要原因就是认识上的偏差,容易以人品和能力为由拒绝他人,甚至伤害他人,不屑于同不如我们的人和谐相处。我们要明白,不论是什么原因造成的人际关系紧张本身就是缺陷,会影响我们的工作和生活。我们要善于同不如我们的人包括与我们有分歧的人交流,保持健康有效的人际关系。

荀子讲:"贤者则贵而敬之,不肖者则畏而敬之;贤者则亲而敬之,不肖者则疏而敬之。"(《荀子·臣道篇》)。荀子的这句话,应该是今天职场上非亲密交流的基本原则。这里的"贤"与"不肖"可以理解为人品与能力的差别,职场上,比我们强的人,可以说是"贤",比我们差的人,可以说是"不肖"。对于比我们强的人,我们要服气,要学习,要合作,要跟随;对于比我们差的人,只要人家能够胜任现在的工作,我们就要与之合作共事,这就需要看到对方的长处,尊重对方的人格和领地,虽然需要保持距离,但不可以轻慢对方。

案例 5-1　曹操丢失西川

我们知道,中国历史上有一段魏蜀吴三国鼎足而立的时期。其中的蜀国,这块地方当时叫西川,大体上相当于现在的四川,原本是汉朝的刘璋在那里统治,曹操控制朝廷之后,刘璋无意与曹操争夺天下,而是有意归顺曹操。

于是,刘璋备下厚礼,派手下张松去京城,当面向曹操表达愿意服从曹操的领导。张松这个人身材矮小,相貌丑陋,但是非常聪明,颇有心机。他料定,刘璋是刘氏旧臣,而且胸无大志,能力一般,归顺曹操之后肯定是不受重用的,迟早是靠不住的,于是就想利用这个机会另投明主,在曹操面前表达忠心、显露才干,谋得一份官职。为此私自带上西川的地形图,准备献给曹操,那个时代,地形图是非常宝贵的政治军事资料。

孰料张松到了京城之后,曹操瞧不起张松,大摆丞相谱,拒不接见。后来在下属的劝说下,勉强接见了张松。但见面之后,曹操一句寒暄问候都没有,劈头就问:刘璋这多年来为什么不向朝廷进贡啊?

张松一听,心就凉了,心想,曹操如此傲慢,就是把西川拱手给了他,他也不会把我们放在眼里。于是,隐藏了此行的目的,反唇相讥道,丞相治理下,兵荒马乱,西川距离京城路途遥远,我们怎么能进贡啊?后来,曹操带着张松去看自己的军队,扬言如今没有人敢与自己争夺天下,张松说,君子只讲仁义,不动兵革。张松能言善辩,曹操说什么,都被一一顶回去,弄得曹操更加不高兴。

曹操的手下向张松推荐了曹操新写的一部兵法,并说此书可以与《孙子兵法》媲美。谁知张松有过目不忘的本事,看了这本书后就说,这是什么新书啊,不过古人的佚名作品而已,川中妇孺皆知啊,说完背诵了其中几段,言下之意,曹操是抄袭。曹操一听,气得一把火将书烧了,并将张松乱棍打出。

在张松垂头丧气返回西川的途中,刘备很隆重地迎接张松,视张松为座上宾。两相比较下,张松觉得刘备礼贤下士,看重自己,是可以投靠的明君,士为知己者死,于是主动把西川的地形图转手给了刘备,并且表示愿意成为刘备夺取西川的内线,如此为成就后来的蜀国奠定了基础。

本来有意归顺曹操的西川,就这样成为曹操生前未能收复的蜀国,后人总结这段历史,认为曹操是"骄人"失国。所谓"骄人",就是瞧不起人。这正是:

张松卖主求荣,曹操不屑一顾。

西川转手刘备,三足鼎立始成。

诸侯骄人失国,留下千年教训。

这个案例告诉我们,在情感层面上,我们每个人都有好恶,相应地与周围的人会有亲疏远近。但是,情感上的好恶与亲疏是一种非常个性化的现象,我们不喜欢一个人,并不意味着这个人不能胜任工作,没有存在的价值,甚至是一个坏人。不仅如此,我们的好恶说不定还包含着偏见。

因此,我们不能因为个人好恶而影响工作,不能因为亲疏而轻慢他人,甚至伤害他人。这就要求我们远而敬之,所谓"远",就是我们可以不喜欢一个人,与不喜欢的人疏远一些。但是,为了工作,为了事业,也要尊重我们不喜欢的人,善于同我们不喜欢的人打交道,善于同我们不喜欢的人合作共事,这就是"敬"。敬而远之的实质是,不以好恶伤规则,不以亲疏伤他人。

第二节　隐恶扬善

子曰:舜其大知(智)也与。舜好问而好察迩言。隐恶而扬善。执其两端,用其中于民。其斯以为舜乎!(《中庸》)

大意是说,舜真是大智慧呀,他经常深入基层调查研究,隐匿消极的言行,表彰积极的言行,用人民的先进事迹教育人民,不用极端的言行刺激民众,这正是舜的高明之处啊!迩:近处,可以引申为基层或普通群众。

所谓隐恶扬善,也就是今天所说的弘扬正能量,就是公开表彰人民群众的先进事迹,隐秘地批评错误的言行。这里的"隐",当然不是隐瞒和包庇,而是与"扬"相对应的低调处理方式,对于错误的言行,当然要批评、教育、处分,但没有必要过度渲染和炒作。现实生活中,不点名和不公开的批评就是"隐"。隐秘的批评方式有利于"治病救人",对于偶然的过失公开"曝光",容易造成不必要的伤害,容易刺激民众的仇恨心理,助长互相揭短的风气,滋生对善行的怀疑,助长阴暗面的压力和恐惧。隐恶扬善不仅是教化民众的基本原则,也是单位文化建设的基本原则。一个单位如果彼此揭短,人人自危,气氛紧张压抑,员工的积极性和创造性就难以充分发挥。

首先,隐恶扬善也是人际交流应该遵循的原则。我们每个人都有长处和短处,所谓隐恶扬善,就是表彰他人的长处,隐藏他人的短处,更不要揭短,先进典型通常是隐恶扬善的结果。这是因为,人无完人,但伟大的事业正是由不完美的人创造的,隐恶扬善是为了不完美的个体互相鼓励、互相补充、互相完善、互相合作,以成就我们的事业,卓有成效的团队都是彼此隐恶扬善的,相反,彼此攻讦,互相揭短,只会一事无成。

其次,隐恶扬善也是基本的人文素养,是我们自身安全的重要屏障。譬如,杰克知道自己是侏儒,众人都知道杰克是侏儒,但是,如果你大声嚷嚷杰克是侏儒,杰克会愤怒,众人也会觉得你没有教养。俗话说:"一句好话三冬暖,一句恶语六月寒。"讲人的坏话,很容易刺激对方的非理性报复。故老子讲:"聪明深察而近于死者,好议人者也;博辩广大危其身者,发人之恶者也。"所谓"好议人者"和"发人之恶者",就是热衷于说别人坏话的人。

无论在什么文化背景下,喜欢说人坏话的人都是令人厌恶的。子贡问孔子:老师有没有讨厌的人呢?孔子回答道,当然有,摆在第一位的,就是喜欢讲别人坏话的人。

子贡曰:君子亦有恶乎?子曰:有恶。恶称人之恶者,恶居下流而讪上者,恶勇而无礼者,恶果敢而窒者。(《论语·阳货》)

喜欢议论人,喜欢说别人的坏话,不仅破坏单位的团结目标,还会破坏单位的任务目标,这种行为在任何单位都是不受欢迎的。

隐恶扬善,不仅要求我们佩服人、赞美人,还要求我们同情人。我们作为同类,情感是正反馈的,如果我痛苦你会难过,我高兴你会感到愉快,友谊会自动加深。如果我高兴你无动于衷,我痛苦你幸灾乐祸,那我们之间就难免疏远乃至于对抗。

对于同事遇到的挫折和失误,我们应该给予安慰和力所能及的帮助,尽可能减轻同事的痛苦和单位的损失,而不要落井下石和幸灾乐祸。对于我们每个人来说,工作中的挫折和失误在所难免,我们以什么态度对待他人,他人也会以什么态度回应我们。危难之时的安慰和帮助相当于雪中送炭,既有利于单位,也会加深人际亲密,相反,危难之时的幸灾乐祸除了种下持久的仇恨外,对于单位的任务目标和团结目标没有任何帮助。

对于同事的过失,我们当然要批评,但是,批评的目的是"治病救人",促进工作,而不是将对方打倒。偶然的过错并不意味着一个人是坏蛋,不要将偶然的过错上纲上线,认为是人品问题,能力问题,将过错夸大其词,甚至殃及群体,对过错的批评与对人的尊重并不矛盾。

隐恶扬善要求我们不要显摆。所谓显摆,就是用自己的长处比人家的短处,用自己的功劳否定人家的贡献,尤其是在他人危难之时,显摆自己往往会伤人害己。

案例 5-2 许攸丧命

官渡之战,曹操战胜了袁绍,在这个过程中,谋士许攸的出谋划策发挥了重要的作用。但是,许攸因此而居功自傲,当着全军将士的面,直呼曹操曹阿瞒,并扬言,不是我,你阿瞒进不了冀州的城门。曹操比较大度,念在许攸的功劳,哈哈一笑了之,但是许攸不知进退,嘲笑出生入死的将军们,只是匹夫之勇,没有智慧,结果被武将许褚一气之下杀了。

在官渡之战中,许攸是有功劳,但是这场战争的统帅毕竟是曹操,再好的计谋也需要将士们出生入死才能实现。许攸显摆自己结果死于非命,伤人开始,害己告终。

最后一点,隐恶扬善是处理同事之间关系的原则,但不是没有底线,对于主观恶意、屡教不改等行为只能断然处置。

第三节 直面冲突

一、以直报怨

从个人体验的角度看,冲突是因为失望而产生的不愉快的交流,失望就是我们的期待落空,比如,工作上我们得不到期待的支持和配合,我们的付出得不到期待的回报,我们的身份得不到期待的尊重,等等。失望是一种消极的情感体验,很不愉快。职场上的失望情绪难以避免,一个重要的原因是,资源是稀缺的,员工之间是竞争的,譬如一个晋升机会给了同事就轮不到自己,另外,人不是机器,难免疏忽、失误甚至主观故意,冲突是职场生活的一部分。

所谓直面冲突,首先是要正视冲突是一种正常的交流现象,人际交流并不总是愉快的、惬意的,很多时候是不愉快的、沮丧的甚至是痛苦的。即使是夫妻之间、情侣之间也会发生冲突,正视冲突的存在并妥善地处理冲突是重要的交流能力。其次,要敢于表达我们的失望体验,对于有损于自己职责和尊严的请求、骚扰、歧视和欺负等,要敢于拒绝;面对不公正的待遇,要敢于维护我们的正当权益,这在传播学上称为自信的交流(assertive communication)。

前面提倡他人倾向,主动适应他人,但这并不意味着没有原则,丧失自我。他人倾向与自信交流是统一的,并行不悖。只有他人倾向,缺乏自信,难免给人留下懦弱的印象,容易被人欺负,所谓"老实人吃亏",通常指的就是这种现象。这里的"老实",不是指人品高下,而是指缺乏维护自己权益的勇气和能力。

孔子温良恭俭让,但是也反对无原则地迁就他人。有人问,是否应该"以德报怨"?孔子回答道,如果我们面对他人的冒犯逆来顺受,那何以面对那些对我们友善的人呢?所以孔子主张:"以直报怨,以德报德"。原文是:

或曰:以德报怨,何如?

子曰：何以报德？以直报怨，以德报德。(《论语·宪问》)

所谓"以直抱怨"，就是面对人际冲突，要明辨是非，坚持原则，遵守规则。第一章讲过，职场上的人际关系要与单位目标相适应，与自己的员工身份相符合。当我们自己的正当权益受到侵犯时，应该理直气壮地运用单位的规则来保护自己。

人际亲密是独立的个体之间的互相肯定，而不是人身依附。委曲求全的人际关系，容易形成积怨，难以持久，一旦破裂，容易反目成仇，导致破坏性的后果。领导与员工是一种职场分工，员工应该服从领导，但领导也要尊重员工。领导的肆无忌惮和员工的忍气吞声都不是健康的人际关系，对单位和员工都是有害的。

现实生活中，员工尤其是低级别员工的权益受到伤害的情况时有发生，这种伤害可能来自包括领导的高级别员工，也可能来自同级别甚至更低级别的员工。其中一个重要的原因是员工胆小怕事，畏惧冲突，委曲求全。我们需要明白，我们每个人的尊严是靠自己来维护的，懦弱会助长邪恶，面临他人过分的冒犯而忍气吞声，在激烈的职场竞争中就难有出头之日。

刚入职的年轻员工一方面要自信，要敢于维护自己的正当权益，另一方面，要搞好团结，不要落单。我们人类有一个重要的优点，就是有"打抱不平"的特性，所谓"路见不平一声吼"，也就是前面讲的同情心。如果我们与员工打成一片，朋友多，被人欺负的可能性就小。相反，如果孤家寡人，与周围的同事格格不入，就容易被人忽略甚至被人欺负。总之，是否敢于直面冲突，不仅关系到我们有没有职业前途，而且关系到我们在职场上能不能立足。

二、就事论事

当然，直面冲突不是斤斤计较，鲁莽行事，而是为了避免不愉快的事情再次发生。冲突并不意味着关系的恶化和终结，但也要警惕冲突导致关系恶化和终结。譬如说，妻子想买一套高档化妆品，丈夫舍不得花钱，这种分歧并不意味着夫妻感情破裂，但是，如果妻子因此认为丈夫不爱自己，丈夫认为妻子是败家娘们儿，双方陈谷烂芝麻地数落对方的过往，上纲上线，恶语相向，就难免伤感情，甚至闹到离婚的地步。

所以，处理冲突的基本原则是就事论事，有什么分歧就解决什么问题，不要将具体问题抽象化，将偶尔的不愉快上升到人品问题、能力问题，避免一时的冲突导致关系恶化。就上例而言，夫妻之间的分歧就是要不要买化妆品，而不要将这种分歧上升到感情问题，三观问题。

冲突中上纲上线很容易导致关系恶化，这是因为自我实现的预期会起作用。所谓自我实现的预期，是指我们的主观判断会自发地引导人际关系朝着我们预期的方向变化，我把你看成敌人，很可能你就会成为我的敌人，我把你看成朋友，很可能你就会成为我的朋友。因为我预期你是敌人还是朋友，我就会按照敌人还是朋友的言行来对待你，你自然会相应地回应我。我们的预期会自觉不自觉地影响我们的行为，进而使人际关系实现我们的预期。在上例中，如果妻子将购物分歧看成是丈夫对自己的嫌弃,就会以伤感情的言行对待丈夫,如果丈夫不冷静,就难免以牙还牙,彼此伤害,最后使夫妻关系恶化。相反,如果妻子就事论事,充其量是购物的愿望暂时未能实现,就不会伤及夫妻关系。所以,就事论事原则是避免冲突伤害关系的重要屏障。

冲突通常包括内容冲突(content conflict)和关系冲突(relationship conflict)两个方面,内容冲突是指具体问题上的分歧,关系冲突则是指当事人之间的矛盾。在我们的例子中,购买化妆品的分歧是内容冲突,夫妻因此而互相指责就是关系冲突,之所以面对冲突要就事论事,就是为了尽可能避免因为内容冲突加剧关系冲突,也就是要尽可能避免因为工作上的分歧而恶化人际关系。

就事论事意味着私下冲突不宜公开化。这是因为,冲突的有效解决通常需要妥协,私下冲突一旦公开,由于面子的原因,双方的妥协会变得困难,反而不利于冲突的缓和、化解。现实生活中,许多私人恩怨对单位发展本来没有什么影响,一旦公开,很有可能成为影响单位发展的"大事",弄得简单问题复杂化,造成不必要的麻烦。当然,至于那些不可能通过私下协商而解决的冲突,另当别论。

三、冲突不在输赢

冲突的目的不是战胜对方,而是解决问题。换句话说,冲突中,我们要着眼于缓和或者化解内容冲突,避免因为内容冲突加剧关系冲突,恶化人际关系。内容冲突的有效解决总是包含着妥协(顺从),或者是单方面的妥协,或者是双方都有妥协。在《触龙说赵太后》的案例中,赵太后的妥协(顺从)使内容冲突得到圆满解决,但又没有破坏君臣关系。所以我们说,不是触龙战胜了赵太后,而是君臣共同作出了正确的决策。

冲突中如果坚持战胜对方,内容冲突通常无解。试想,如果赵太后一意孤行,一言九鼎,不仅触龙危险,赵国也危险。从这个意义上讲,《触龙说赵太后》是就事论事的范例,是避免因为内容冲突加剧关系冲突的范例。

实际生活中,我们要学会用妥协的方式解决工作上的分歧,避免因为内容冲突而产生不可调和的矛盾。譬如说,领导否决了我们的一项申请,我们可以据理力争,也可以根据领导的意见调整申请,甚至搁置申请等待机会。如果我们认为领导的否决是对我们有成见,就难免心存芥蒂,具体的工作分歧很可能就会演变成私人恩怨,既影响工作,也影响团结。

冲突是不愉快的交流,冲突中的情绪激动和言语不周难以避免。但是,我们需要警惕冲突中的情绪失控,防止冲突演变为人身攻击,酿成破坏性的后果。即使过错在对方,我们也应该留有余地,避免攻击性、羞辱性的言行。年轻人容易得理不饶人,喜欢将对方逼到理屈词穷的境地,殊不知,理屈词穷往往会伴随着恼羞成怒,容易导致非理性的言行,故谚语云:"打莫打人痛,骂莫骂人羞",就是提倡冲突中要把握分寸,留有余地,避免暂时的冲突演变成持久的仇恨。良好的人际关系会使工作中的分歧更容易弥合,而在对抗性的人际关系中,工作上的分歧往往是彼此攻击的借口,使问题更难以解决。

第四节 管理互动

我们发出的信息是对他人刺激的回应,而这种回应又会刺激他人,交流是一个连续的刺激-反应序列,即交流的互动性。职场亲疏是长期互动的结果,是交流双方的选择,也就是我们经常讲的,一个巴掌拍不响。从刺激-反应的链条中确认交流的责任,称为交流过程的断句(punctuation),不同的人会有不同的断句,断句的分歧通常是无效的争执。

互动可以区分为良性互动和恶性互动,良性互动是互相肯定的互动,而恶性互动是互相否定的互动。比如说:领导表扬我们,我们会更加努力地工作,这会使领导更加满意,这是一个彼此肯定的良性互动。反之,领导批评我们,我们容易心情沮丧,工作上更加被动,这会使领导对我们有更多的批评和处罚,这是一个互相否定的恶性互动。管理互动的基本原则是控制良性互动,避免恶性互动。

一、控制良性互动

良性互动是令人愉快的,通常也是有益于工作的,但是,人与人之间并不是越亲密越好,在一些特殊语境下,我们需要控制彼此之间的距离,以保证人际关系适应我们的员工身份。譬如说,许多单位是明令禁止办公室恋情的,再譬如,一些单位对小圈子是非常敏感的,所谓控制良性互动,就是要避免出现那些可能与单位目标和我们身份相冲突的亲密。从这个意义上讲,远而敬之,不仅仅是指因为情感上的疏远而减少互动,也包括因为职责所在而保持情感上的疏远。

案例 5-3 短暂的蜜月

职场亲密有利于我们的工作,但是,不能为了个人的目的而欺骗他人。1983年,乔布斯聘请斯卡利担任苹果公司的总裁后,两人有长达一年多的蜜月期。但这段亲密关系,对于乔布斯来说,是一种欺骗,对于斯卡利来说,是一种失职。

乔布斯对人性很敏感,实际上他一经接触就发现,斯卡利和自己不是一路人。因为自己追求的是卓越的产品,而斯卡利只在乎产品能否赚钱,对于产品本身没有丝毫兴趣,在乔布斯眼里,斯卡利只不过是庸俗的商人而已。但在当时,苹果公司有3个产品在同时开发,乔布斯只负责其中的麦金塔电脑项目,为了得到斯卡利对自己项目的支持,乔布斯隐藏了自己对斯卡利的反感，表现出对斯卡利十分敬佩与热情，经常邀请斯卡利一起散步用餐，显得非常亲密，而斯卡利也非常在意乔布斯对自己的态度，将乔布斯对自己的亲密看成是一种荣耀，在这个过程中，当然少不了对乔布斯项目的特殊照顾。

但是好景不长，1985年，乔布斯负责的项目彻底失败，斯卡利在董事会的授权和催促下不得不履行职责，终止这个项目，并且准备剥夺乔布斯的行政管理职权，只当没有实权的董事长，这导致乔布斯立即翻脸，表现出对斯卡利的敌视，并且密谋赶走斯卡利。最后，董事会支持斯卡利，乔布斯离开苹果公司。

这个案例告诉我们，欺骗性的亲密难以持久，一旦破裂，容易反目成仇，而且是那种难以弥合的仇恨。乔布斯几乎原谅了所有曾经与他有矛盾的人，唯独对斯卡利终身耿耿于怀，这种不可调和的仇恨无论是对于单位还是个人都是十分麻烦的事情。斯卡利为了维持与乔布斯的亲密，难免迁就乔布斯的过分要求，对于乔布斯的失败也是有责任的，最后，既损害自己的职责，也结下了私怨。我们每个人都向往亲密，但是，要警惕那些威胁到单位目标和我们职责的亲密。

二、避免恶性互动

恶性互动的本质是人身攻击，工作上的分歧只不过是互相攻击的借口。恶性互动除了进一步加深怨恨，恶化关系之外，对于单位和个人没有任何积极作用。前面讲就事论事，就是要防止将工作上的分歧演变成人身攻击，也就是避免恶性互动。如果我们意识到交流不仅不能达到目的，还会恶化人际关系，这种互动就应该终止。因为继续这种恶性互动既解决不了工作上的分歧，也解决不了人与人之间的矛盾。

案例 5-4　吕后王吕氏

刘邦死后，他的夫人吕后把持朝政。吕后想提拔重用自己的干部，封吕姓家族的人为王，史称"王吕氏"，当时的"王"，相当于今天的省部级干部。丞相王陵当场反对，理由是，刘邦生前当着大家的面说过："非刘氏而王，天下共击之"，高祖的遗训不能违反。

吕后很不高兴，转身问副丞相陈平和太尉周勃。丞相是最高行政长官，太尉是掌握军权的最高司令官。这两个人回应道：刘邦打下了江山，当然是刘家的人称王；如今太后主持朝政，吕氏子弟称王也是理所当然。

得到副丞相和太尉的支持，吕后十分高兴，也放心了许多。吕后当然知道刘邦的遗嘱，但是，正因为满朝文武都是刘姓的人，自己难以发号施令，所以才需要"王吕氏"。

出门之后，王陵质问陈平和周勃，想当年，刘邦发誓只能刘姓为王，二位都是表过忠心的，今天却屈从权势背弃诺言，有何面目见高祖于九泉之下？二人回应道："面折廷争，臣不如君；

全社稷,定刘氏之后,君亦不如臣。"意思是说,我们没有你那样的勇气敢于当面顶撞君王,据理力争,但是,保持政权稳定,保持江山永远在刘家,你将无能为力,还得靠我们。果不其然,由于得罪了吕后,王陵被免去丞相职务,一病不起,而陈平和周勃因为附和吕后,得以蛰伏下来。待到吕后身亡,二人合力铲除了吕氏集团,江山还给了刘家,这才有了后面的汉文帝、汉武帝。

这门课程强调交流的重要性,但这并不意味着交流是万能的,现实生活中有许多矛盾和冲突是不能通过当事人之间的交流解决的。在这个案例中,吕后当权,势必会提拔重用自己的干部,王陵试图阻止吕后的行为,表面上看很勇敢,很仗义,但不仅无济于事,还导致吕后对自己的报复,相反,陈平和周勃显得没有原则,但得到了吕后的信任,保存了恢复刘氏江山的力量,从效果看,二人的暂时妥协远胜于王陵的"面折廷争"。在前面的例子中,当乔布斯和斯卡利之间的冲突发展到势不两立的时候,继续交流只能是互相伤害,只能通过董事会裁决。

所以,在职场上,我们要尽可能避免那些注定没有效果的交流,因为这种交流只能是恶性互动,恶性互动除了彼此伤害、彼此攻击之外没有任何积极意义。有一首歌唱道:"朋友来了有美酒,敌人来了有猎枪。"这告诉我们,交流只适用于彼此信任的关系,至于那些对抗性的冲突,只能通过其他途径强制性地解决。

从这个意义上讲,交流是和平而不是战争,恶性互动本身就是失败,因为交流而结怨不是胜利而是悲哀。主动退出或终止恶性互动,不是怯懦,而是有效交流的前提,是交流能力的重要方面。

基本概念

远而敬之、隐恶扬善、同情心、显摆、冲突、自信交流、内容冲突、关系冲突、自我实现的预期、良性互动、恶性互动

基本观点

(1)同事之间人品和能力的差异不应该成为工作上互相合作的障碍,尤其是不能自恃优秀而瞧不起人,瞧不起人本身就是缺陷。君子尊贤而容众,嘉善而矜不能。

(2)亲疏好恶是相当个性化的情感体验,不足以判断他人的人品和能力,要善于同情感上疏远的人合作共事,不以好恶伤规则,不以亲疏伤他人。

(3)我们每个人都是不完美的,然而,不完美的我们团结起来可以成就完美的事业。隐恶扬善既是重要的团队精神,也是基本的人文素养。

(4)乐于攻击他人的弱点(发人之恶),用自己的长处显摆他人的短处,对他人的过失幸灾乐祸等,这些行为既伤害他人,也容易伤害自己。

(5)青年员工既要适应他人,也要自信交流,直面冲突,维护自己的正当权益,与人团结是保护自己的重要屏障。

(6)冲突的目的不是战胜他人,而是解决问题,避免不愉快的事情再次发生。

(7)冲突中要就事论事,不要轻易上纲上线,防止因为工作上的分歧而恶化人际关系,尤其是要避免情绪失控带来的破坏性后果。

(8)恶性互动的本质是人身攻击,既破坏团结,也无助于工作。主动退出或终止恶性互动是有效的、道德的交流能力。

练习与思考

1.指出下列观点哪些是正确的,哪些是错误的,并简要说明理由。

(1)职场交流应该以建立和保持亲密关系为目的。

(2)工作中要与人品好、能力强的人交朋友,与人品差、能力弱的人保持距离。

(3)隐恶扬善中的"隐",是指既要批评他人的缺点错误,又要维护当事人的面子和融洽的人际氛围。

(4)同事之间,要多看人的长处,少看人的短处,不要拿自己的长处与他人的短处相比较。

(5)职场上要敢于维护自己的正当权益。

(6)与人团结是员工保护自己的重要屏障。

(7)同事之间的分歧,一般来说,不是"三观"不同,就是业务能力不在一个层级上。

(8)交流能力强的人,总是能够在冲突中战胜对方。

(9)工作上的分歧并不必然恶化人际关系。

(10)恶性互动是无效的、不道德的交流。

2.为什么说隐恶扬善既是重要的团队精神,又是基本的人文素养?

3.如何正确认识和处理适应他人与自信交流的关系?

4.实际生活中,同事之间不友好的猜测往往导致事实上的不友好,请解释为什么会出现这种现象。

5.结合案例5-4论述妥协在交流中的作用和意义。

6.案例讨论(继续第一章练习)

学校给陈伟老师所在的学院分配了一个年度优秀指标,如果评上优秀,可以获得一笔丰厚的奖金。陈伟今年教学科研成绩突出,有目共睹,同事们都说,今年的优秀非陈伟莫属。但评选结果出人意料的是胡老师,陈伟非常失望。

学院办公室刘秘书私下告诉陈伟,本来大家都一致推举你的,但院长说陈老师还年轻,以后还有机会,执意将这个优秀指标给了即将退休的胡老师。胡老师虽然也符合条件,但比起你来差远了,你可以向学校领导反映。

陈伟一气之下,将刘秘书发给自己的微信、胡老师和自己科研教学成果目录等截图发到学校QQ群里,并表示要向学校主管部门申诉,一时间,学校上下议论纷纷。

学校相关部门经过调查提出如下处理意见:

(1)鉴于学院评优过程中确实存在照顾老教师的倾向,违背学校鼓励先进的初衷,建议学院宣布这次评优结果无效,并取消学院当年的评优指标;

(2)建议给予院长行政记过处分,并责成学院领导班子按学校要求深刻反省,积极整改,避免类似的情况再次发生;

(3)刘秘书违反工作纪律,应给予批评教育,并建议调离学院办公室工作岗位;

(4)学校有专门的反映师生意见的渠道,陈伟老师擅自公开工作信息的方式是不适当的,应该给予批评教育;

(5)做好思想工作,充分肯定陈伟老师的成绩,指出存在的不足,鼓励他为学校的发展做出更大的贡献。

问题1.如果你是学校领导,会批准相关部门的这一处理意见吗?

问题2.如果相关部门就以上意见征求当事人的意见,你认为陈伟老师该如何面对?

第六章

领导与交流

从这一章开始,我们用两章的篇幅讨论与领导相联系的交流,这是职场上特殊的交流现象,是职场交流与其他交流的主要区别,第六章主要讨论领导交流的特殊性,第七章则从下级的角度讨论领导与员工之间的交流。

第六章从交流的角度观察和分析领导行为的特殊性,或者说是从交流的角度看领导。本章分为四节,第一节简要地介绍了领导的职责,第二、三节是本章的重点,主要讨论领导在决策和执行过程中面临的挑战及其应对措施,第四节从领导的角度分析维护领导权威需要注意的问题。通过本章的学习,应该重点掌握以下知识。

(1)领导是因为单位而产生的身份,领导的主要职责是对单位的发展作出决策并带头付诸实施,领导要为单位的决策及其执行结果承担责任。

(2)英明的决策是面对环境变化的积极应对,决策过程中的集思广益既可以避免领导个人的局限性,又可以调动大家的积极性,有利于决策的贯彻执行。

(3)领导握有处分员工的权力,以保证决策得以贯彻执行,但中国传统文化倡导以德服人。即使在今天,以德服人更能激发员工的积极性和创造性,更有利于实现单位的任务目标和团结目标。当然,以德服人和以力服人不是对立的,而是相辅相成的。

(4)领导维护自己的权威,既是领导个人职业安全的要求,也是单位正常运转的需要。在现代社会,领导维护自己权威的根本途径是决策正确并执行有力,但也需要加强领导班子团结、密切联系群众和畅通层级交流等。

第一节 单位与领导

领导有时候是指领导集体,包括正职、副手以及领导班子成员,但这一章主要是指正职领导,即通常所说的单位一把手。

领导是现代分工体系的产物,是因为单位而产生的一种职责,一种身份。有单位就有领导,法人单位有领导,法人单位内部的各个部门、各个层级也需要领导,比如说在一所大学里,不仅仅校长是领导,学校各个部门的负责人,各个学院的院长,各个系、教研室的主任等都是领导。有时候因为工作需要临时组建团队,这个团队也需要有人负责,也需要领导。即使是新入职的青年员工,没有任何职务,但需要接受领导,需要与领导交流,所以,充分认识领导的职责,掌握上下级交流的原理与规则,是必备的职场交流能力。领导的职责主要包括如下三个方面。

首先,领导是单位的决策者。前面讲过,任何单位都有任务目标和团结目标,单位的目标及其实现方案是由领导来决定的。苹果公司开始生产电脑,后来生产音乐播放器和手机,这些都是由当时的领导乔布斯决定的。领导不仅决定单位的任务目标,也是单位团结目标的决定者,当年乔布斯和斯卡利发生矛盾,最后由董事会裁决。

其次,领导是单位的带头人。单位目标一经确定后,需要领导带领员工付诸实施,领导是实现单位目标的带头人。所以,我们经常说,领导是单位的头头。确立单位目标并带头付诸实施,是领导的基本职责,也是基本的领导能力。古人讲"不断则无威,少决而后事",如果领导面对环境变化无所适从,拍不了板,定不了案,这个领导就难有威信。同样地,做出了决定但不能付诸实施,下属和员工不服从,有令不行,有禁不止,这个领导也是做不下去的。从传播学的角度看,领导的职责涉及交流的两个方面,决策需要倾听,带头需要表达,而且,这种表达能让员工信服和顺从,也就是有影响力,能服众。

最后,领导是单位目标的风险承担者,领导要用自己的职业前途对自己承担的责任负责。单位搞得好,领导就荣耀,单位搞不好,起心换领导。乔布斯离开苹果公司,10年后又回到苹果公司,是诠释领导与单位责任关系的典型案例。

案例 6-1 乔布斯去而复返

1985年,乔布斯被迫离开苹果公司,起始原因就是决策失误,乔布斯不顾同事的劝告,为了产品的外观和所谓的"禅意",坚持新开发的Mac电脑不装硬盘驱动器,不装风扇,导致电脑使用不方便,机器温度过高,容易出故障,被戏称为"米色的烤箱",导致产品卖不出去。

离开乔布斯后的苹果公司由于缺乏创新,市场份额急剧下降,出现巨额亏损,1996年,股票价格从1991年的70美元跌到14美元。然而,面对困境,苹果公司CEO吉尔·阿梅里奥(Gil Amelio)一筹莫展,看着苹果这艘航船即将下沉,却不知道洞在哪里。在这种情况下,苹果公司的董事会主席埃德·伍拉德(Ed Woolard)主张换掉阿梅里奥,他认为继续让阿梅里奥主持工作,苹果难免破产,让其他人出任CEO,公司也很难走出困境,只有让乔布斯回来主持工作,苹果公司才有希望。

这个案例印证了中国的一句古话:"国难思良将,家贫思贤妻"。现实生活中,如果一个单位要死不活,甚至每况愈下,单位的上级和员工通常首先想到的是调整单位领导。这是正常的职场生态,如果割断领导的权力与责任之间的联系,只会滋生平庸的官员。

第二节 英明决策

第四章讲过,人类交流活动归根到底是对环境变化的积极应对。同样的道理,单位目标的确定和调整也是环境变化的产物。毛泽东同志说:"人的正确思想是从哪里来的?是从天上掉下来的吗?不是。是自己头脑里固有的吗?不是。人的正确思想,只能从社会实践中来。"所谓"社会实践",就是我们生活其中的环境,这就告诉我们,领导正确决策的前提是观察环境,根据环境变化决策。

一、知天命

就任何一个单位而言,庞大的社会分工体系是复杂多变的,不受单位控制的,这就要求单位能够适应环境的变化而调整自己的目标和行为。孔子讲:"不知命,无以为君子也。"(《论语·尧曰》)命,即天命,表面上看有唯心主义的色彩,但实际上是一个唯物主义的概念,就是强调环境变化的客观性、不确定性和不可控制性,我们的主观愿望能不能变为现实,能不能取得期待的效果,不仅取决于我们的主观努力,还在相当程度上取决于客观的、不可控制的环境因素,这就是"知天命"的含义。

案例 6-2　孔子与叔孙通

孔子从小就对礼制感兴趣,是中国礼制和礼仪的创建者、维护者和倡导者。有一次,卫灵公问孔子如何排兵布阵,孔子说:我的专长是朝廷礼仪,对带兵打仗没有研究,卫灵公很失望,抬头看鸟。孔子也知趣,第二天就卷起铺盖走人了。用今天的话说,孔子是顶级的礼仪专家,但在当时却找不到就业岗位。

时过境迁,刘邦打下天下后,废除了秦朝的繁文缛节。奈何身边的人都是草莽出身,每次聚会都会酗酒闹事,乌烟瘴气,不成体统,刘邦非常烦恼。儒生叔孙通见机行事,组织一批鲁国儒生制定了一套朝廷礼仪,要求文武百官见到皇帝都要匍匐低头,刘邦很受用,感叹这才是皇帝的尊严,自此之后,朝廷秩序井然。刘邦这个人出身卑微,没有什么文化,本来是看不起儒生的,但因为叔孙通制定了朝廷礼仪而对儒生另眼相看,除了赏赐黄金外,还重用叔孙通及其学生,开始了儒学的官学地位。

司马光后来评价这套朝廷礼仪不过是"礼之糠秕",与孔子主张的朝廷礼仪相去甚远。然而,孔子深谙朝廷礼仪,却无用武之地;叔孙通略知皮毛,却名利双收,这就是古人讲的"时也""势也""命也"。

在孔子所处的时代,周朝中央政权衰落,各路诸侯明争暗斗,需要的是纵横捭阖的政治家、外交家、军事家,孔子虽然是礼制专家,但在当时的历史条件下派不上用场。而汉朝天下初定,急需规范君臣的行为,叔孙通虽然知之不多,却正好满足了社会需要。叔孙通组织儒生编制礼仪,鲁国有两个儒生不愿意参与,认为刘邦是个粗人,天下初定,还不是制定礼仪的时候。叔孙通笑二位是不识时务的"腐儒",这两个儒生当然也就失去了跟随叔孙通享受荣华富贵的机会。所谓不识时务,也就是不知天命,不知道因势而变。

这个案例告诉我们,一个人也好,一个单位也好,拥有的资源和能力总是一定的,但能不能充分发挥作用,相当程度上取决于当时当地的环境。

领导决策不是随心所欲,不能一厢情愿,不仅要着眼于自己的能力和资源,还要着眼于环境变化的需要。现实生活当中,环境是变化无常的,市场有起伏,产品有周期,单位之间有消长,等等。如果顺境的时候过于谨慎,难免错过机遇,逆境的时候过于自负,难免事与愿违。我们经常讲领导决策要"审时度势",就是强调我们的决策要适应环境的变化。孔子讲:"获罪于天,无所祷也"(《论语·八佾》)。意思是说,与环境变化相冲突的决策难免失败。

案例 6-3　萧规曹随

汉朝开国丞相萧何死后,曹参接任丞相,但他上任后,没有"新官上任三把火",没有出台任何新的政策,一切按萧何生前的规矩办,整天饮酒作乐,谁来找他汇报工作,他就让谁喝酒。朝廷上下议论纷纷,导致皇帝问罪于曹参。

曹参回答道:"难道萧何丞相制定的政策过时了吗?难道我的才能会超过萧何丞相吗?"皇帝觉得曹参在理,不好处罚,不了了之。而且,曹参主政期间,国泰民安,国家逐渐从战争的创伤中恢复过来,曹参因此也是一代名相。

这个案例告诉我们,尽管萧何死了,但是环境并没有变化,萧何的治国方略依然有效,如果曹参为了自己的政绩而另起炉灶,效果可能适得其反。同样的道理,在环境急剧变化的时代,"萧规曹随"就只能是失败,前人的经验需要根据环境的变化而变通,而不可作为教条生搬硬套,所谓此一时、彼一时也。

当然,今天讲"知天命",不是主张在环境变化面前无所作为,不仅仅是要被动地适应环境变化,而是要主动地促进环境变化,包括引领环境变化。现实生活中,环境变化是不平衡的,一些地区、一些领域是环境变化的源头或者风口,变化多端,相应地,机会也多,而其他地区和领域是跟随源头而变化的,变化缓慢,甚至是因袭不变的,这就需要我们到环境变化的源头去积极倾听,如果我们始终待在变化缓慢甚至因袭不变的地方,就谈不上"知天命"。

案例 6-4　乔布斯的两大贡献

1979年,施乐公司看好苹果公司的发展前景,提出投资苹果公司,以分享未来的收益。相对于当时的苹果公司而言,施乐公司是庞然大物。乔布斯提出了一个条件,就是希望能到施乐公司的研发中心参观最新研究成果。施乐高层答应了这一条件,以每股10美元购买了100万美元的苹果股份,1980年苹果公司上市后,施乐这笔投资获得了超过10倍的回报。

然而,乔布斯的收获是革命性的,通过这次考察,他发现了我们今天十分熟悉的计算机图形界面技术,并且敏锐地意识到,这一技术是计算机走进千家万户的关键。在当时,普及计算机的一个重要障碍是操作者需要死记硬背一套枯燥乏味的DOS命令,我是1996年开始使用电脑的,当时还是通过DOS命令操作计算机,非常吃力,不像今天,用鼠标甚至用手操作图标就可以轻松地实现人机交流。

我们知道，今天个人电脑有 Mac 和 Windows 两大操作系统，这两大系统都是以运用图形界面技术为特征的。然而，微软公司是在与苹果公司的合作过程中得到这一技术的，由于乔布斯的失误，Windows 在市场上走在了 Mac 的前面。苹果公司和微软公司曾经为此有过激烈的知识产权纠纷。从这个角度看，将图形界面技术运用于个人电脑，使得计算机走进千家万户，是乔布斯的历史性贡献，而这一历史性贡献是乔布斯倾听时代前沿的结果。

20 世纪 90 年代末乔布斯回到苹果公司的时候，Windows 在电脑市场上明显占优势，乔布斯不得不另辟蹊径，2001 年开发出了一款音乐播放器 iPod，号称能把 1000 首歌装进口袋里，尽管售价 399 美元，仍然深受市场欢迎，成为苹果公司的摇钱树，到 2005 年，其销售收入占苹果公司的半壁江山。

就在这个时候，乔布斯发现，市场上的手机开始内置摄像头，导致数码相机市场受到严重冲击，因为手机可以照相，买照相机的人越来越少。由此想到，如果手机自带语音播放器，谁还愿意花近 400 美元买 iPod 呢？而且，手机内置语音播放器在技术上是没有多大障碍的，是迟早的事情。于是决定自己开发内置音乐播放器的手机，开始是和摩托罗拉合作，结果不理想，随后自己独自开发，这就是今天的 iPhone 手机。

自从语音播放器成为手机的标配后，乔布斯的担忧成为现实，所有的音乐播放器包括 iPod 逐渐退出市场。iPhone 开始了手机由单纯的通信工具到智能终端的转变历程，这一历史性的创造并不是乔布斯的别出心裁，而是始于乔布斯审时度势，适应环境变化的决策。

当然，面对相同的环境变化，人们的反应不一样。图形界面技术是施乐公司自己的技术，也曾经开发相应的产品"施乐之星"（Xerox Star），但这款计算机针对的是企业用户，但相对于熟悉计算机编程语言的专业技术人员来说，图形界面技术的价值不大，所以，这款产品悄无声息。同样地，手机摄影对照相机市场的冲击有目共睹，唯有乔布斯感受到了威胁，并抓住了机遇，创造了历史。显然，面对环境变化作出创造性的响应，相当程度上取决于领导人的职业追求和知识结构，乔布斯致力于打造一家长盛不衰的公司，开发完美的产品以改变世界，这样一种境界是他能够"知天命"的内在条件。

这个案例告诉我们，"知天命"不仅是对环境变化的被动反应，更是创造性地响应环境变化，通过创造未来而把握未来。商鞅说过："智者作法，愚者制焉；贤者更礼，不肖者拘焉。"意思是说，有所作为的领导人总是先人一步对环境变化作出创造性的响应，并且，这种响应会成为环境的一部分，甚至引领环境变化，会成为众人追随的榜样和遵循的规则。从这个意义上讲，英明的领导不仅局限于单位内部，而是率先对环境变化积极响应的人，是社会生活的开拓者和"作法者"。

二、集思广益

领导作为单位的决策者，当然并不意味着一言堂，领导说了算。在我国，大多数单位都明确规定,单位的重大问题需要通过领导班子集体决策,传播学称为小群体决策。所谓小群体,是指2~12个成员的群体,之所以有人数的限制,主要是保证参加决策的人员有充分发表意见的机会,或者说每个成员有比较高的参与率,当然,12个人的上限也不是绝对的。除了领导班子决策外,集体决策还有许多其他形式,譬如,乔布斯回到苹果公司后,每隔一段时间会挑选100人集中讨论公司未来的发展方向,也是一种集体决策。

领导是单位的决策者及其风险承担者,但这并不排斥领导在决策过程当中充分听取方方面面的意见。集体决策显而易见的优点是能够集思广益,避免领导的个人局限性,降低决策风险,提高决策的科学性。集体决策与政治制度和领导体制没有必然联系,即使是在封建专制制度下,集体决策也是存在的,也是被提倡的。

鲁国君王定公曾经问孔子,君王一言九鼎的决策方式会影响国家安危吗?孔子认为不一定,如果君王决策正确,下级理解并坚决执行,君王一言九鼎的决策方式是有效率的。但是,如果君王决策失误并且固执己见,当然会祸害国家。原文是:

定公问:一言而可以兴邦,有诸?孔子对曰:言不可以若是其几也。人之言曰:"为君难,为臣不易。"如知为君之难也,不几乎一言而兴邦乎?"曰:一言而丧邦,有诸?孔子对曰:言不可以若是其几也。人之言曰:"予无乐乎为君,唯其言而莫予违也。"如其善而莫之违也,不亦善乎?如不善而莫之违也,不几乎一言而丧邦乎?(《论语·子路》)

完整地分析这段对话,其中的"一言",不宜简单地理解为"一句话",而是指君王一言九鼎的决策方式,是"君王一言"。总的来看,孔子并不否定君王在决策过程中的主导作用,但主张辅之以集体决策以弥补君王的个人局限性,避免君王之"不善"。

在集体决策的问题上,子思比孔子更进一步。子思是孔子的孙子,也是我国历史上著名的思想家,他说:"人主自臧,则众谋不进。事是而臧之,犹却众谋,况和非以长恶乎?""臧"这个字念"zāng",褒奖的意思,"人主自臧"就是自以为是,"众谋不进"是指周围的人不敢讲话、不愿意讲话;"和非以长恶"指附和错误的决策,使错误更加严重。这句话的意思是,如果君王自以为是,独断专行,即使决策正确,也会挫伤大家的积极性,更何况一旦决策失误,大家随声附和,会使错误更加严重。

子思认为,集体决策不仅有利于防止领导出现失误,更重要的是调动领导班子成员的积极性,这一认识是非常宝贵的。

首先,领导在决策过程中充分倾听领导班子成员的意见,可以使大家能够更好地理解领导的意图,形成共识,用孔子的话说,集体决策有利于班子成员"知为君之难"。其次,在事关单位的决策过程中,班子成员的意见若得到采纳,会有一种满足感、成就感、贡献感,所以,在决策过程中鼓励大家说话,是领导对领导班子成员最好的尊重。最后,由于参加了决策,领导班子成员对领导的决策会理解得更加准确,执行起来也会更加自觉。相反,如果什么事情都是领导一个人说了算,领导班子成员说了也白说,就难有成就感和责任感,执行起来就难免被动,久而久之,就没了激情,也就是子思讲的"却众谋"。

所以,在现代社会,集体决策不是装样子,走过场,不是可有可无的东西。集体决策是领导决策的实现形式,或者说,领导是通过集体进行决策的。在集体决策过程中,领导需要注意以下几个方面的问题。

1. 虚心倾听不同意见

由于承担的责任不同,观察问题的角度不同,领导班子成员对待问题有不同的意见是十分正常的现象,正因为如此,才需要集体决策。从一定意义上讲,集体决策是领导认识班子成员的过程,是领导意图付诸实施的预演,通过不同意见,可以发现领导决策的盲点和失误,有利于调整、完善决策。

虚心倾听不同意见,不仅关系到决策是否正确,更关系到充分发挥大家的积极性和创造性。集体决策过程中,同样存在着内容冲突与关系冲突的问题。孔子讲:"不以言举人,不以人废言。"(《论语·卫灵公》)意思是说,不要以意见是否一致断定亲疏,也不要因为亲疏而偏听偏信。即使领导班子成员与自己的意见相冲突,也不宜轻易地认为是对领导的冒犯。即使领导班子成员的意见明显不正确,甚至有为个人和部门谋利益的小算盘,也不要粗暴地伤人。总的原则是避免内容冲突发展为关系冲突,拒绝错误但不伤害关系。作为主要领导,更有责任防止因为工作上的分歧而导致领导班子不团结。

2. 警惕群体偏见

西方传播学在关于群体决策的研究中,发现一个有趣的现象,一个群体,或者一个领导班子,领导越是权威,班子越是团结,意见越容易达成一致,然而,这种一致的意见很可能是错误的,称为群体偏见(group think)。这是因为,领导威信越高,领导班子成员越是倾向于附和领导,成员越是团结,越是倾向于掩藏自己的真实想法,群体偏见实际上是因为关系信息而伤害内容信息的结果。前面强调不要因为工作上的分歧而影响团结,群体偏见则是为了团结而影响工作。其实,子思早就注意到这一现象,他说:"君暗臣谄,民不与也。"所以,作为领导,尤其是在事关重大决策的时候,需要特别警惕过于容易达成的"一致"。防止群体偏见的一个重要方法,是注意倾听圈外人的意见。

3. 敢于否决自己

集体决策实际上是行动方案的预演,比如说实施某个工程、上架某项产品等,领导要善于从不同的声音中倾听不同的结果,不要凭个人好恶去统一思想,如果通过集体讨论,发现自己的决策行不通,诸如财务紧张、市场疲软、技术上有难度等,要勇于修正、搁置乃至于放弃自己的主张。

20世纪80年代初,乔布斯在主持Mac电脑的开发过程中,自以为是,身边的人反复建议都不听,固执己见,坚持不安装硬盘驱动器和风扇,甚至指定了软盘供应商,结果,这家公司因故不能如期供货,幸好手下的人私下备份了一家软盘供应商,才保证了Mac电脑如期上市,但最终因为设计上的缺陷,导致电脑卖不出去,乔布斯因此离开苹果公司。这个案例表明,领导的意见在集体决策中被否决并不影响领导的权威,决策失误才会动摇领导的权威。

4. 有主见,敢负责

集体决策当然并不意味着领导可以以其昏昏,使人昭昭。面对环境变化,领导首先要有主见,不能人云亦云,否则,容易在集体决策中丧失领导的权威。而且,集体决策并不能保证万无一失,也会有失误,包括群体偏见,领导同样需要对集体决策的失误负责。所以,在集体决策中,领导有面对分歧拍板的权力,包括力排众议的权力。集体决策不是领导决策的替代,而是领导决策的补充和完善,归根到底,领导主持集体决策,并对集体决策负责。

在面对环境变化形成态度的过程中,有一些人会对我们产生重要影响,甚至言听计从,传播学称这些经常影响我们决策的人为有影响的他者(the significant others)。历史上的军师、师爷、谋士,今天的参谋、智囊、意见领袖等,都是影响人的职业。例如,马库拉事实上是指导乔布斯经商的老师,对乔布斯一生的影响都很大。乔布斯回到苹果公司后,尽管解聘了马库拉的董事职务,仍然向他请教如何使苹果公司成为一个长盛不衰的公司,马库拉以惠普公司为例,建议乔布斯根据环境的变化生产新的东西,像蝴蝶一样不断地华丽变身重塑自己。苹果公司后来在生产电脑的同时生产音乐播放器,最后生产手机,马库拉的建议显然起了作用。从这个意义上讲,马库拉是影响乔布斯的他者。

事实上,我们每个人都有影响自己的他者。这表现为,在众说纷纭时,我们会特别在意某个人的意见,遇到疑惑时,我们会倾向于征求某个人的意见,观察某个人的行为,甚至在某个人的书本里去找答案等。

现实生活中,有影响的他者既可能是我们周围的某个人,也可能是我们崇拜的某个学者和领导。一方面,我们要意识到谁在影响我们,重视他们的意见;另一方面,也不要偏听偏信,面对具体的现实问题,要独立思考,有自己的判断,这也是有主见的一个重要方面。

"君子有三畏:畏天命、畏大人、畏圣人之言"(《论语·季氏》),孔子的这句话可以看成是这一节的总结。领导作为决策者,要审时度势,积极响应环境变化,这就是"畏天命"。所谓"畏大人、畏圣人之言",就是决策过程中要重视有影响的他者的意见,包括重视领导人的声音、行业领军人物的意见、专家学者的言论等,实际上,环境变化面前,大人、圣人的言行也是环境变化的一部分。当然,"畏"是指重视、敬畏,而不是盲从,是审慎面对,积极思考,形成自己的决策。

第三节 以德服人

领导决策一旦形成之后,需要变成员工的行动,一般有两种方法。一种方法是通过规章制度,通过奖励和惩罚,迫使员工不得不执行,这就是以力服人。以力服人的特征是员工不得不服,用孟子的话说,"非心服也,力不赡也"(《孟子·公孙丑上》)。还有一种方法,就是在尊重员工的前提下,充分发挥员工的积极性和创造性,使领导的决策变成员工的自觉行动,员工心悦诚服,这就是以德服人。当然,在现实生活中,以力服人和以德服人这两种方法不是对立的,而是相辅相成的,但作为成功的领导,更为经常、更为有效的方法是以德服人。

一、得人者兴

倡导以德服人是中国的传统文化,孔子讲:"为政以德,譬如北辰,居其所而众星共之。"(《论语·为政》)意思是说,以德服人,可以使群众像星星向着北斗一样,自觉地团结在君王的周围,自觉地服从君王。

案例 6-5 百里奚与商鞅

春秋战国时期,秦国在由弱小变为强大的历史过程中有两位著名的丞相,一位是百里奚,也称五羖大夫,传说百里奚是秦王用五张羊皮赎回来的,"羖",公羊皮。五羖大夫为秦国做出了很大的贡献,同时为人亲和,和群众打成一片,平时出门不需要警卫,深受老百姓爱戴。所以,他去世的时候,男女流涕,举国哀悼,"童子不歌谣,舂者不相杵",用现在的话说,也就是停止一切娱乐活动。

另外一位丞相就是我们比较熟悉的商鞅。商鞅对秦国的贡献是无可争议的,但商鞅用法严酷,"临渭论囚,渭水尽赤",意思是为了执行秦国的法律和政策,杀了很多人,渭水河都变红了。他处罚的人不仅有老百姓,也包括王公贵族,他处理不了太子,就处理太子身边的人。

尽管商鞅对秦国的贡献很大,但是,"为相十年,人多怨之"。我们知道,商鞅的下场很惨,车裂而死,连带整个家族都被消灭了。当然,这里面有秦国统治集团内部的互相倾轧,但商鞅不受老百姓爱戴也是事实。

百里奚与商鞅的不同命运告诉我们,完成任务并不必然要四面树敌,尤其是不能得罪基层群众,即使完成了任务,如果群众怨声载道,这种领导也是不受欢迎的。

在现代社会,以德服人是实现单位双重目标的必然要求。前面讲过,单位有任务目标和团结目标,作为领导,不仅要完成任务,还要给员工以社会支持和心理满足,不能把员工仅仅看成是完成任务的工具,将员工与领导、单位对立起来。在资本主义发展初期,劳动者是没有尊严的。但在今天,即使在资本主义社会,这种现象也是不文明的,至少在形式上是被禁止的。

在现实生活中,考察和评价一位干部,不仅要看业绩,还要看群众的呼声。一个干部即使业务能力强,业绩突出,但如果群众不拥护,不支持,也很难得到较高的评价,所以,古人讲,"得人者兴,失人者崩""恃德者昌,恃力者亡"。总之,领导不仅要完成单位的任务目标,还要把员工的衷心拥护和主动跟随作为自己的工作目标,以德服人既是单位团结目标的内在要求,也是领导个人职业安全的重要保证。

二、激发员工的创造性

作为一种工作方法,以德服人能够激发员工的事业心和创造性,如果是不得不服,员工在工作当中往往是被动的,迫于生存压力,怕扣工资,怕被开除,谨小慎微,更谈不上创造性。但是,如果员工是真心地拥戴、跟随领导,把单位的工作当作自己的事业,那么,工作通常是主动的,是有创造性的。

员工参加工作既是为了养家糊口,也受事业心的驱使,用孟子的话说,既是"为贫",也是"为道"。在这个问题上,中西方几乎有共同的认识,西方传播学中有一个双因素理论[①](Motivation-Hygiene theory,又称激励-保健理论,Frederick Herzberg1959),该理论认为,人们参加工作受两类因素的驱使,一类是外在的因素(hygiene factors),包括工资、职位、待遇和奖惩等,以保证体面的生活;再一类是内在的因素(motivation factors),包括事业心、责任感、挑战性、成就感和荣誉感等,内在因素是创造力的源泉。工资福利等外在因素的满足并不一定会自发地激起人们内在的事业心和成就感。譬如,工资太低,员工当然没有积极性,但是报酬丰厚,员工也不一定有内在的事业心和成就感。而且,过于依赖物质刺激,不仅无助于调动员工的积极性,还会助长员工与领导之间的讨价还价,故孔子讲:"放于利而行,多怨。"(《论语·里仁》)激发员工的事业心往往需要激励性交流(motivational communication),也就是以德服人的交流方式。

案例6-6 乔布斯的激励性交流

乔布斯善于调动员工的积极性,激发员工的荣誉感。创业初期,乔布斯还不到30岁,他的口头禅是,生产完美的产品以改变世界,让一起创业的伙伴们觉得自己正在做的事情是光荣的、崇高的、神圣的。他要求大家把电脑当成艺术品,为此带领员工参观博物馆,第一台Mac电脑设计完成,准备量产的时候,他让团队的每个成员像艺术家一样,在电脑里面签上自

---

① Pamela S. Shockley-Zalabak: Fundamentals of Organizational Communication—Knowledge, Sensitivity, Skills, Values, seventh edition, Pearson Education, Inc. p145. 2009.

己的名字,使员工有艺术家的成就感和荣誉感。

Mac 电脑面市的时候,乔布斯要求工程师把开机时间降低 10 秒。但工程师觉得困难,也没有必要。乔布斯说:"如果能救人一命,你愿意降低 10 秒钟吗?"工程师回答:"那当然。"于是乔布斯说,如果卖出 500 万台 Mac 电脑,每人每天多用 10 秒,一年就相当于 100 个人的寿命。为了救人一命,那位工程师成功地将开机时间降低了 28 秒。一个人出于内在动机和外在压力的行为方式是不一样的。一旦确定目标,乔布斯能够义无反顾地带头推进实施,包括无视现实的困难,这被周围的人称为"扭曲现实的立场",这种对单位目标的执着追求通常会感染周围的人,以至于苹果公司的年轻员工们制作 T 恤时,在背后印上"我爱每周工作 90 小时"。由此可见,我们今天抱怨的"996"(一种工作制,指早上 9 点上班,晚上 9 点下班,一周工作 6 天),在 20 世纪 80 年代初的苹果公司已经是常态了,但是,这种工作状态不是迫于公司的规章制度,而是员工的自觉行为,这就是以德服人的力量。

乔布斯的鼓动性和感染力与其身体力行是分不开的,"其身正,不令而行,其身不正,虽令不从。"(《论语·子路》)乔布斯是一个喜欢出风头的人,很在意自己是否上了封面、上了头条,常常因为被媒体冷落而苦恼。乔布斯回到苹果公司后,策划了一个"非同凡响"的广告,这个广告有两个版本,一个版本是奥斯卡金奖获得者朗诵广告词,另一个版本是乔布斯自己朗诵广告词。乔布斯犹豫再三,最后决定选用第一个版本,理由是,"这个广告宣传的是苹果公司,而不是我自己"。这一决定令周围熟悉他的人非常感动。

乔布斯脾气不好,对身边的人不太客气,但是人们服他,愿意跟随他,这种善于激发员工的崇高感、使命感并以身作则的激励性交流能力是重要的原因。

三、宽容分歧

在管理学中,有个"2—6—2 原则"(2-6-2 principle, Shigehiro Nakamura)[①],该原则认为,当领导作出一项决策,尤其是可能改变单位现状的重大决策时,通常明确赞成和反对的总是少数人,各占 20%,大多数人(60%)是持怀疑观望态度的,当然,这里的百分比不是绝对的。在这种情况下,作为领导,不要去与反对的人争论,而是应当全力支持赞成的人。一旦取得了期待的效果,原来犹豫不决的大多数人就会支持新的决定,原来持反对意见的人也会随之改变态度。

改革开放初期,对于市场经济和经济特区等问题,就有不同意见。面对分歧,邓小平同志主张"允许看,不争论"。允许看,比强制好得多。不争论,是为了争取时间干。一争论就复杂了,把时间都争掉了,什么也干不成。随着社会主义市场经济和经济特区的不断发展,原有的

---

① 转引自 Roy M. Berko, Andrew D. Wolvin, Darlyn R. Wolvin, Communicating, A Social, Career and Cultural Focus, 11th, Pearson Education, Inc. p421. 2010.

种种顾虑自然解除。

这是因为在新的决策取得成效之前,很难说服反对的人,这个时候的争论不仅于事无补,还容易影响团结。譬如说,经济特区同解放前的租界有什么区别?搞市场经济会不会导致无政府状态,是不是走资本主义道路?诸如此类的问题在改革开放付诸实施之前只能是推测,很难彼此说服,任其争论下去,不仅耽误时间,还会导致内部冲突。而赞成新决策的人往往具备把新决策付诸实施并取得成功的积极性和创造性,全力支持他们有事半功倍的效果。一旦新决策取得成功,原来的分歧自然就会化解。促使人们改变态度的决定性因素是现实环境的变化,所谓事实胜于雄辩,卓有成效地推进工作是弥合分歧的根本途径,而不是强制性地进行批判。

工作中的分歧大多是认识上的不同,是员工内部之间的分歧,下属与领导有不同意见,并不一定是存心和领导过不去,更不一定就是坏人。由于知识和经验不同,观察问题的角度不同,思想方法不同,即使是自己人,面对相同的问题也会有不同的认识,这是非常正常的现象,也是前面讲的集思广益的前提。强制性地统一思想,容易将内容分歧激化为关系冲突,加剧人际紧张,所以,邓小平同志说"允许看,比强制好得多"。一旦新的决策取得了预期的效果,曾经的反对意见就会自然消失。适度地宽容分歧,既有利于实现任务目标,也有利于实现团结目标。作为领导,即使事实证明自己是正确的,也不要去计较谁曾经反对过我们,秋后算账通常是意气用事,既不利于工作,也会影响团结。

案例6-7 曹操不杀通敌者

三国初期,曹操和袁绍争夺天下,曹操在官渡之战中消灭了袁绍。清理战利品时,发现曹操身边很多人包括朝廷的文官和军队的武官,与袁绍有私下书信往来,其中不乏私通之嫌。手下建议将这些人杀掉,以绝后患。曹操却回应道,当袁绍强大的时候,我都不能自保,何况普通官员呢?下令将这些书信全部烧掉,不许再提此事。

曹操此举体现了胸怀天下的大智慧。曹操深知,当袁绍强大的时候,手下的人脚踩两条船既避免不了,也阻挡不了。如今袁绍被消灭,曾经通敌的威胁自然化解,销毁"证据"会使这些人更加真心实意地拥戴自己,既增强了自己主政的合法性,也保护了一大批干部。在当时的情况下,曹操当然可以杀掉这些人,但是,其时天下尚未统一,人心尚未归顺,大开杀戒只会使自己更加恐怖,而既往不咎则有利于争取人心,孤立敌人。

宽容分歧的实质是宽容人,得人心。曹操之所以能够不计前嫌,是因为胸怀天下。中国有句谚语:"宰相肚里能撑船",意思是说,只有志存高远的人才能宽容大度,就今天而言,只有以事业为重、单位为重的领导,才能够做到不计个人恩怨,宽容大度。

四、直面问题员工

当然,以德服人不是不要规章制度,不是提倡领导做老好人。现实生活中,有个别员工出于私心,或者不能履行职责,或者搬弄是非,影响团结,这种人被称为问题员工(difficulty group member),或麻烦制造者(trouble maker)。对于这种员工,作为领导,就必须照章办事,以儆效尤。有一次,乔布斯刚开除一位员工,回到家中,自己的小儿子张开双臂迎接爸爸,他心情十分难受,不知道那位员工回家后该如何面对自己的孩子。但自己职责所在,如果姑息迁就问题员工,就难免其他员工攀比仿效,麻烦不断。面对问题员工需要注意如下三个方面。

首先,不要戴着有色眼镜去找问题员工。一个单位人心惶惶,通常是单位不健康的表现。员工参加工作,或者是为了养家糊口,或者是为了成就事业,一般不会蓄意为单位制造麻烦。对员工的正当权益要保护,对员工的特殊困难要关心,对于偶然的失误要以批评教育为主。要加强制度建设和文化建设,营造员工健康成长的环境,不要轻易地在自己的员工当中人为地制造对立面,这既是团结目标的内在要求,也是实现团结目标的重要保证。

其次,不与问题员工做交易。现实生活中,个别员工制造事端,通常是以领导的工作失误为借口的。领导失误,该承担什么责任就承担什么责任,但不是员工违反规章制度的理由,否则,就是错上加错。总的原则是,领导既不要因为自己失误而迁就员工的无理要求,也不要因为员工的过分要求而文过饰非。

最后,处分问题员工要服众。这就要求对员工的处分要有事实根据,有规章制度的根据。孔子称赞管仲是一个人物,他没收了一个官员的封地,但对方至死没有怨言(《论语·宪问》)。荀子讲:"刑一人而天下服。"(《荀子·议兵篇》)意思是说,对问题员工的处分不仅当事人服气,众人也服气。从这个意义上讲,直面问题员工,也是以德服人。

第四节 维护领导权威

领导权威就是员工对领导的信任和顺从程度,即领导能服众。员工越是信任领导,越是自觉地执行领导的决策,领导的权威就越高。领导权威既是单位正常运转的保证,也是领导个人满足感的源泉。领导关心自己的权威,进而关心自己的职业前途,是领导的重要领地,也是领导的"私急",是正常的职场现象,无可厚非。

领导权威需要领导和下级共同维护,这一节主要从领导的角度讨论维护领导权威需要注意的问题。对于领导来说,维护领导权威的根本途径是正确决策,能够带领员工实现单位的任务目标和团结目标,常胜将军自然会有权威,而常败将军当然无人信服。乔布斯主持开发的电脑卖不出去的时候,曾经的"铁哥们"也会不辞而别,当音乐播放器和手机等产品取得良好效益的时候,身边的人自然会言听计从。除此之外,加强领导班子团结、密切联系群众和畅通层级交流等也是维护领导权威的重要方面。

一、加强领导班子团结

现实生活中,单位一般有一个领导集体,即通常所说的领导班子,主要领导需要通过领导班子行使职权。领导班子团结是维护领导权威的重要保证,也是领导具备权威的表征,相反,领导班子不团结,就意味着领导缺乏权威,而且,领导班子不团结,是瓦解领导权威的经常性威胁,领导权威受到挑战甚至颠覆,通常是从领导班子不团结开始的。所以,上级组织一般不会放任下级单位领导班子长期不团结,而且不排除因为不团结而处罚主要领导。

关于这个问题,《周易》里面有两句相映成趣的表述,一句是《乾卦》的筮辞:"见群龙无首,吉。"另一句是《比卦》中的爻辞:"比之无首,凶。"这两句话放在一起,体现了中国古人对领导班子建设的远见卓识:一个领导班子,既要人才济济,各顶一方天,又要有一个领导核心,大家团结在主要领导的周围。只有这样的领导集体,才能够成就大事。

现在讲"群龙无首"是个贬义词,但是在《周易·乾卦》中,"群龙无首"是指一群有本事的人在一起,这些人各有千秋,难分伯仲,是单位和事业兴旺发达的标志,所以,"群龙无首"象征吉祥。刘邦曾经说,论足智多谋,自己不如张良,论治国理政,自己不如萧何,论排兵布阵,自己不如韩信,但这三个人为我所用,这是我取得天下的重要原因。刘邦的这段总结,应该是"群龙无首"的最好注解。

"比(bǐ)"指在一起的意思。"比之无首,凶"的意思是,尽管领导班子是一群有本事的人,但如果没有一个首领,没有一个核心,就难免彼此不服气,尔虞我诈,互相倾轧,就会注定走向失败(凶)。所以,一个健康有效的领导班子,既要"群龙无首",又要"比之有首",换句话说,既要人才济济,又要有一个领导核心。

首先,作为一个单位的主要领导,身边要有一批有能力的人才,如果都是平庸之辈,虽然终日身在阿谀奉承之中,但工作没有起色,这种虚假的威信也难以持久。更为重要的是,能人组成的领导集体可以弥补主要领导的不足。主要领导当然有过人之处,但总是有短处和不足,人才济济会减轻主要领导对单位的消极影响。孔子曾经批评卫灵公德不配位,于是有人问,为什么卫国没有因此而灭亡呢?孔子回答道,因为有能人帮助卫灵公治理外交、文化和军事,所以,卫国才没有因为卫灵公的昏庸而灭亡(《论语·宪问》)。

聚集人才最有效的方法是知人善任,把合适的人才放在合适的岗位上。让人才充分发挥自己的作用,实现自己的价值,是对人才最大的尊重。要做到知人善任,一个重要的方面,就是要避免求全责备。战国时期,一位将军因为贪吃了老百姓的两颗鸡蛋,卫侯因此弃而不用。子思讥讽道:"夫圣人之官人,犹匠之用木也,取其所长,弃其所短。故杞梓连抱而有数尺之朽,良工不弃。今君处战国之世,选爪牙之士,而以二卵弃干城之将,此不可使闻于邻国也。"意思是说,君王用人犹于木匠加工树木,不会因为有腐朽之处而放弃合抱之木,如今诸侯争霸之际,因为两颗鸡蛋而废弃能征善战的将军,如果邻国知道了,一定会趁机而入。

其次,公道正派,即从单位和事业发展需要出发,评价领导班子成员以及裁判其是非,而不可以个人亲疏好恶搞小圈子。哀公问孔子,君王应该怎样才有威信?孔子回答道:选拔正直的干部代替("错")不正直("枉")的干部,君王就有威信,相反,用不正直的干部代替正直的干部,君王就没有威信。原文是,哀公问:"何为则民服?"孔子对曰:"举直错诸枉,则民服。举枉错诸直,则民不服。"(《论语·为政》)孔子还说过:"举直错诸枉,能使枉者直。"(《论语·颜渊》)意思是说,正直的人主持工作,不正直的人因为没有市场,也会变得正直起来。"直"与"枉"的根本区别在于,是从单位和事业发展需要出发,还是从个人亲疏好恶出发。孔子说:"君子易事而难悦""小人难事而易悦"(《论语·子路》)。意思是说,君子以事业为重,根据事业的需要选拔人才、评判人才、使用人才,而不在乎甚至反感下级取悦自己,相反,小人则置事业于不顾,以好恶为是非,以亲疏为界限,以个人为中心搞小圈子。领导有好恶、有亲疏,人之常情,无可厚非,但作为领导,个人的亲疏好恶不能干扰为单位谋发展的职责,不顾单位利益而搞小圈子,最终会损害单位的任务目标和团结目标,当然也就没有威信。

最后,领导与班子成员要互相尊重,作为领导,也要照顾到下级的面子和领地。我们借鉴中国传统的君臣观念解释今天的上下级关系,但需要注意的是,传统的君臣观念将君臣关系看成是一种人身依附,所谓"君要臣死臣不得不死",这显然是不符合时代要求的。即使在传统的君臣观念中,也提倡君对臣的尊重。定公问:"君使臣,臣事君,如之何?"孔子补充道:"君使臣以礼,臣事君以忠。"(《论语·八佾》)"君使臣,臣事君"强调的是君在上,臣在下,君贵臣贱,不可易位,这与今天的上下级关系是有本质区别的,即使如此,孔子也主张君对臣要以礼相待。现实生活中,由于领导作风简单粗暴而导致上下级之间不欢而散的例子并不少见。

二、密切联系群众

一个人能够走上领导岗位,总是有过人之处,总是对单位有所贡献。但作为领导,不能因为自己优秀、自己有功劳而轻视下级,看不起员工。老子讲:"圣人方而不割,廉而不刿,直而不肆,光而不耀。"其基本思想是,圣人不会因为自己优秀而咄咄逼人。就今天的领导而言,就是要身居高位但不至于使人压抑,握有权力但不至于使人恐惧,德才过人但不至于使人不自在。

前面讲过,领导是单位的带头人,不仅自己优秀,还要带领员工优秀,员工对领导心服口服是领导能力的内在要求。如果领导高高在上,居高临下,颐指气使,下属和员工就会敬而远之,甚至惶惶不可终日,久而久之,难免离心离德,丧失群众支持,无人亲附,成为孤家寡人。

案例 6-8 管仲不举鲍叔牙

管仲生命垂危之际,齐桓公提议鲍叔牙接替管仲继任丞相。鲍叔牙与管仲是好朋友,甚至可以说鲍叔牙是管仲的贵人,管仲由阶下囚变为丞相,就是鲍叔牙极力举荐的。

当年,鲍叔牙是公子小白(即齐桓公)的谋士,管仲是小白的弟弟公子纠的谋士。后来,小白与纠兄弟俩争夺王位,纠被杀,管仲作为同党该当死罪。鲍叔牙劝齐桓公说,管仲是难得的人才,能力在我之上,应该让他来治理齐国。于是,齐桓公拜管仲为相。管仲果然没有辜负鲍叔牙的推荐,把齐国治理得井井有条,齐桓公得以称霸一时。管仲曾说:"生我者父母,知我者鲍子也。"按常理,君王提议自己的恩人担任丞相,管仲应该举双手赞成才是,令人意外的是,管仲不同意,并说了如下一段话:

不可。其为人洁廉,善士也;其于不己若者不比之,又一闻人之过,终身不忘。使之治国,上且钩乎君,下且逆乎民。其得罪于君也将弗久矣……勿已则隰朋可。其为人也,上忘而下畔,愧不若黄帝,而哀不若己者……以贤临人,未有得人者也;以贤下人,未有不得人者也。(《庄子·杂篇·徐无鬼》)

翻译过来,这段话的意思是,鲍叔牙不能胜任丞相的职务啊,这个人廉洁正直,是正人君子(善士),但是,他不屑于与不如自己的人打交道,不能原谅他人的过错。让他治理国家,对上会挑君王的毛病,对下会得罪周围的人,用不了多久,桓公您就不会喜欢他。如果没有更合适的人选,隰朋这个人可以出任丞相,他从来不以高位自居,能够与同僚和下属打成一片,对自己要求严格,能够宽容他人的不足。居高临下者不得人心,平易近人者跟随者众。

这个案例与第五章讲的"尊贤而容众"的基本思想是一致的。不过,"尊贤而容众"更多的是针对同事之间的交流,"以贤下人"则更多的是对领导的要求,作为领导,不能用自己的优势苛求于普通员工。现实生活中,有一些年轻人思想品行端正,业务能力出众,却不受重用,一个重要的原因,就是虽然严于律己却也苛责于人,无人跟随,缺乏群众基础。古往今来,创造历史、创造辉煌的都是不完美的普通人,离开了普通人的支持,个人再优秀,也会难有大的作为。作为领导,不仅要自己优秀,还要能服众,有人跟随。管仲讲:"以贤临人,未有得人者也;以贤下人,未有不得人者也。"每个胸怀大志的年轻人都应该经常以此自省。

最后,在层级结构中,下级单位领导的职责归根到底是上级单位的授权,所以,尊重上级,保持层级交流的畅通,也是维护领导权威的重要保证。

总之,今天的领导毕竟不是昨天的君王,在现代社会,没有不受约束的权力,单位不是领导的家天下,领导也不是单位的家长。在层级结构中,单位还有上级,即使是单位的顶层领导,还有国家和法律的约束。本章虽然强调领导对于单位的重要性,但领导毕竟是因为单位而产生的职场分工,单位的辉煌和事业的成功是全体员工共同努力的结果,也是整个组织体系和社会环境共同作用的产物,领导并不是决定单位兴衰的唯一因素。因此,尊重员工包括下属,敬畏组织纪律,畅通层级交流,是现代社会的基本领导伦理。如果领导因为业绩突出而不可一世,居功自傲,欺下瞒上,甚至冒犯法律和社会公德,这样的领导迟早会被单位所抛弃。

基本概念

领导、知天命、小群体决策、群体偏见、有影响的他者、以德服人、双因素理论、2—6—2原则、激励性交流、问题员工、领导权威

基本观点

(1)领导是因为单位而产生的身份,其主要职责是对单位的发展作出决策并带头付诸实施,领导要为自己的决策及其执行结果承担责任。

(2)领导决策不仅仅要适应环境的变化,更重要的是创造性地引领环境变化,这就需要领导有崇高的职业追求,能够积极倾听时代前沿。

(3)决策过程中的集思广益既可以避免领导个人的局限性,又可以调动大家的积极性,更有利于决策的贯彻执行。在现代社会,集体决策一般来说是领导决策的必要程序。

(4)在集体决策的过程中,领导需要善于倾听不同意见,警惕群体偏见,重视有影响的他者,敢于拍板包括否决自己的意见,并对集体决策承担责任。

(5)以德服人的实质是单位任务目标与团结目标的内在统一性,既要完成任务,又要给员工提供社会支持,而不是将员工与单位对立起来。以德服人和以力服人不是对立的,而是相辅相成的,但更为经常、更为有效的领导方法是以德服人。

(6)相比较而言,以德服人更能激发员工的积极性和创造性,更有利于实现单位的任务目标和团结目标。以德服人要求领导以身作则,善于激励性交流以及宽容分歧等。

(7)对于个别问题员工,既要照章办事,又要处分服众,直面问题员工同以德服人并不矛盾。

(8)领导维护自己的权威,既是领导个人职业安全的要求,也是单位正常运转的需要。在现代社会,领导维护自己权威的根本途径是决策正确并执行有力,但也需要加强领导班子团结、密切联系群众和畅通层级交流等。

(9)团结高效的领导班子既要人才济济,也要有一个领导核心,这就要求主要领导能够做到知人善任、公道正派和与人亲和等。

(10)领导不可以因为自己优秀而苛求于普通员工包括下属,居高临下者不得人心,平易近人者跟随者众。

(11)正确认识和处理领导与下属的关系,既要借鉴传统的君臣理论,但也要警惕君臣理论的消极影响。

练习与思考

1. 简要阐释以下古人言论在今天的现实意义。

(1)为政以德,譬如北辰,居其所而众星共之。(孔子语,参见《论语·为政》)

(2)举直错诸枉,则民服;举枉错诸直,则民不服。(孔子语,参见《论语·为政》)

(3)君使臣以礼,臣事君以忠。(孔子语,参见《论语·八佾》)

(4)放于利而行,多怨。(孔子语,参见《论语·里仁》)

(5)其身正,不令而行,其身不正,虽令不从。(孔子语,参见《论语·子路》)

(6)君子易事而难说(悦),小人难事而易说(悦)。(孔子语,参见《论语·子路》)

(7)君子不以言举人,不以人废言。(孔子语,参见《论语·卫灵公》)

(8)君子有三畏,畏天命、畏大人、畏圣人之言。(孔子语,参见《论语·季氏》)

(9)家贫则思良妻,国难则思良相。(魏文侯语,参见《史记·魏世家》)

(10)人主自臧,则众谋不进。事是而臧之,犹却众谋,况和非以长恶乎?(子思语,参见《资治通鉴·周纪一·安王》)

(11)智者作法,愚者制焉;贤者更礼,不肖者拘焉。(商鞅语,参见《资治通鉴·周纪二·显王》)

(12)得人者兴,失人者崩。(赵良引用《诗》,参见《资治通鉴·周纪二·显王》)

(13)不断则无威,少决则后事。(杨阜语,参见《资治通鉴·汉纪五十五·孝献皇帝戊》)

(14)刑一人而天下服。(荀子语,参见《荀子·议兵篇》)

(15)以贤临人,未有得人者也;以贤下人,未有不得人者也。(管仲语,参见《庄子·徐无鬼》)

2. 案例讨论(此题没有标准答案,也不限于本章的教学内容,鼓励学生综合运用所学联系实际回答问题,有独到的体会和见解)

(1)结合案例6-1,讨论影响领导成败的主要因素。

(2)案例6-2,对于今天青年员工的健康成长有什么启示?

(3)阅读案例6-3,你认为"萧规曹随"值得今天的领导效仿吗?

(4)结合案例6-4,谈谈自己对"知天命"的理解。

(5)阅读案例6-5,你认为搞好工作一定要得罪人吗?

(6)阅读案例6-6,回答什么是激励性交流,如何进行激励性交流?

(7)阅读案例6-7,回答为什么不提倡领导人秋后算账?

(8)阅读案例6-8并联系自身实际,谈谈管仲不举鲍叔牙对自己的启示。

第七章

有效跟随

成功的领导是以员工的有效跟随为前提的,如果员工与领导离心离德,有令不行,有禁不止,单位就会如同没有指挥的乐队、没有教练的球队一样,陷入混乱。第七章共三节,第一节讨论领导的信任和支持对于青年员工健康成长的重要性,第二节讨论以下级身份进行交流的基本规则与伦理,第三节结合案例,分析影响领导交流成败的主要因素,这一节也是第六章、第七章两章教学内容的总结和综合运用。通过这一章的学习,需要重点掌握以下知识。

(1)职场上的人才选拔机制主要是通过个体举荐实现的,所以,发现贵人,跟随贵人,不辱君命,是青年员工健康成长的重要途径。

(2)有效跟随要求下级既要尊重领导,又能影响领导,既要有所作为,又要遵守纪律。

(3)上下级之间的良性互动既需要下级出于公心和忠心,回应关切,符合逻辑,也需要上级不以好恶乱是非,不以亲疏论英雄,共同面向未来。

第一节 贵人相助

《周易·乾卦》对人生的四个节点提出了相应要求。少儿时期,主要是玩耍和学习,所谓"潜龙勿用"。年轻人刚刚参加工作,走向社会,往往需要前辈主要是领导的培养和帮助,所谓"见龙在田,利见大人"。在工作中承担了一定的职责之后,则需要兢兢业业,任劳任怨,创造业绩,"天行健,君子当自强不息"主要是针对这一阶段的要求。有所成就后,则需要戒骄戒躁,将有本事的人团结在自己的周围,所谓"飞龙在天,利见大人""亢龙有悔"等。

年轻人初入职场,有一个熟悉和适应的过程,在这个过程中,如果有人指点、提携、帮助,年轻人的成长就会更顺利一些,进步就会更快一些。"见龙在田",可以理解为年轻人初入职场,而"利见大人"则是指年轻人初入职场的时候,通常需要"大人"的发现、认可和帮助。这里的"大人",也就是我们平时讲的"贵人",即能够为初入职场的年轻人提供支持和帮助的人,通常是具有一定职权的领导。这句话中的"见",文献专家一般主张读"现",有"出现""发现"和"被人发现"的意思。不过,现在直接读"见"也未尝不可,并不妨碍对原文的理解。

一、举尔所知

对于初入职场的年轻员工来说,贵人相助之所以重要,是因为职场上的人才选拔机制是通过个体的举荐实现的。有所成就的年轻员工经常会说,是组织培养了自己,问题是,在品行和能力相当的情况下,为什么组织培养了你而没有培养他人?这里,贵人相助是一个特别重要的因素。

孔子的学生问老师,如何举荐优秀的人才?孔子回答道,每个人举荐自己熟悉的人才,所有的优秀人才就会得到重用,原文是:仲弓问:"焉知贤才而举之?"孔子回答道:"举尔所知。

尔所不知,人其舍诸?"(《论语·子路》)后来,宋朝思想家程颐将这一机制概括为"各举其亲,不独其亲",意思是说,每个人举荐自己熟悉的人才,但也接受其他人举荐的人才,这样,优秀的人才都会充分发挥作用。职场上的人才发现和选拔是通过个人举荐实现的,古今中外,概莫能外。

案例 7-1　乔布斯的贵人

乔布斯能够成为名垂青史的企业家,相当程度上得益于两个贵人。

乔布斯和沃兹尼亚克在创业之初,缺乏资金。于是,乔布斯到处寻求投资,当时的他才20岁出头,大学辍学,言行怪异,装扮邋遢,不修边幅,身上一股异味,天热会把脚放到马桶里冲凉,女朋友有了孩子拒不认账,用我们中国人的传统眼光看,是一个典型的不良少年,他走进过好几家投资人的办公室,都被赶了出来。

但是,迈克·马库拉这个人独具慧眼,认为乔布斯他们鼓捣的苹果电脑有特色,有市场,值得投资,至于乔布斯这个人,不良生活习惯可以改,头发长了将来可以剪,于是投资25万美元,还手把手地教乔布斯做生意。正是这25万美元,使得苹果电脑得以量产并获得巨大的经济效益,也就是在这个基础上,苹果公司不久得以上市,三人因此成为富有的人。

乔布斯遇到的第二个贵人就是第六章提到过的埃德·伍拉德,20世纪90年代末期,伍拉德是苹果公司的董事长,其时苹果公司江河日下,他极力推荐乔布斯回到苹果公司替换现任总裁,认为除了乔布斯外没有人能够挽救苹果公司于破产的边缘。

然而,乔布斯回到苹果公司,尚未正式担任CEO,就对伍拉德提出来一个十分过分的要求,就是解散现在的董事会,除了伍拉德一人外,其他的董事会成员必须全部辞职。理由是,他不能在现在的董事会的领导下正常开展工作。

出乎意料的是,伍拉德竟然答应了这一要求,只是多保留了一位原董事会的成员,这样显得不是那么极端。新的董事会成员由乔布斯与伍拉德共同挑选,乔布斯首先推荐了自己的好朋友,当时的甲骨文总裁艾利森。艾利森说,当公司的董事可以,但我不喜欢开会。乔布斯说没有关系,开会的时候,把艾利森的照片放在椅子上,就算本人出席了会议。后来的实践表明,伍拉德对乔布斯超乎寻常的支持挽救了苹果公司。

从乔布斯的成长经历看,对于我们青年员工来说,所谓贵人,首先是能够欣赏并且有能力帮助我们的人,换句话说,贵人能够发现我们的价值,并且有能力创造条件帮助我们实现自己的价值。其次,贵人一定是胸怀天下并且可以与人分享天下的人,只有那些胸怀天下、以事业为重的人才会爱惜人才,并且甘冒风险支持人才。马库拉的投资和伍拉德的迁就都是以事业为重的,也都是有风险的。

韩信年轻的时候受人欺负,常常吃了上顿没有下顿,一位洗衣服的大妈接济了他,韩信感激道,我将来一定会报答你。大妈没好气地骂道,一个年轻力壮的小伙连饭都吃不饱,谁还指望你报答呀?这位大妈是同情韩信而不是欣赏韩信。相反,后来萧何月下追韩信,则是看中了韩信的军事才能,是对韩信价值的欣赏。

萧何成就不了韩信,于是把韩信推荐给刘邦,但刘邦不以为然。萧何劝道,如果您只是安于汉王,当然可以不用这个人,但是,如果您志在天下,就必须重用韩信。在萧何的劝说下,刘邦以隆重的仪式拜韩信为总指挥,最终夺取了天下。这里,萧何和刘邦都是韩信的贵人,萧何发现了韩信的价值,而刘邦成全了韩信的将军抱负,也成就了刘姓江山。

二、不辱君命

青年员工要得到贵人相助,首先要自己有本事,能够为单位的发展做出贡献,有让人欣赏的内在价值。

其次是能够发现贵人,跟随贵人。职场上不仅是领导选择员工,员工也需要选择领导,也就是要跟对人。从某种意义上讲,初入职场的青年人跟对人比获得一时的物质待遇更为重要。第六章讲过,领导也有君子与小人之分,所谓"君子易事而难悦,小人难事而易悦"。君子以事业为重,根据事业的需要选拔人才,重用人才,而不以个人的好恶为取舍。相反,小人则以个人好恶为是非,以个人为中心搞小圈子。年轻员工要警惕职场上的轻言许诺和小恩小惠,要与那些心胸狭窄的领导保持距离,防止被带进沟里。

乔布斯回到苹果公司不久,对供应链这一块非常不满意,决定招聘供应链经理。其时,康柏公司生意红火,苹果公司正在破产边缘挣扎,然而,当时康柏公司的物流经理蒂姆·库克义无反顾地来苹果公司应聘,他说:"我的直觉告诉我,加入苹果公司为一个创意天才工作,这是我一生唯一的机会。"当然,乔布斯也非常欣赏库克。后来的实践表明,库克当时的选择成就了自己辉煌的人生,今天,康柏公司不为人知,而苹果公司是世界知名企业,库克也成长为苹果公司的当家人。

最后,年轻人一旦被委以重任,就当义无反顾,自强不息,把工作做好,以不辜负知遇之恩,如同乔布斯没有辜负马库拉和伍拉德,库克没有辜负乔布斯一样。故孔子把"不辱君命"看成是优秀青年的重要标准。当然,这里不仅仅是知恩图报的问题,更重要的是在薪火相传中不断把我们的事业推向前进。总之,学有所长,发现贵人,跟随贵人,不辱君命,这是年轻人健康成长的重要途径。

第二节 牝马之贞

《周易》开篇是"乾""坤"两卦,从字面上看,"乾"指天,"坤"指地,一般认为,在《周易》中,

"乾"寓意君王或领导,而"坤"则寓意臣子或下级。牝马之贞是"坤"卦中对臣子或下级提出的特殊要求,对中国文化影响深远。

"牝":雌性;"牝马":母马;"贞"通"正",指遵守伦理道德,有名正言顺的意味。牝马之贞,就是指作为下级,在领导面前,要甘居辅位,甘当配角,不可以僭越犯上,更不可以有颠覆之心,也就是中国人强调的"忠"。即使在今天的职场交流中,牝马之贞仍然是下级必须遵守的基本规则和伦理。

一、尊重领导

第六章从领导的角度讨论了维护领导权威的重要性,显然,领导的权威不仅需要领导自己维护,更需要下级的尊重和服从,所谓牝马之贞,首先是下级要尊重领导的权威,服从领导的指挥。

现代社会,员工竞争单位的领导职务,是普遍的职场现象。然而,谁担任领导职务,取决于许多因素,甚至包括一些偶然的因素,所以,并不是所有的领导都是称职的、英明的,德不配位、才不配位的现象并不少见。但是,只要是按照合法程序产生的领导,作为下级,都应该尊重和服从,尤其是作为曾经的职务竞争者,要接受竞争的结果,对于按法定程序产生的领导要服气、服从,更不能拿领导的短处与自己的长处相比,恃才自傲,与领导作对。

这是因为,如果领导是上级组织任命的,与领导作对就是与上级过不去,如果领导是选举产生的,与领导作对就是与员工过不去。所以,对领导尊重就是对上级的尊重、对员工的尊重,相反,与领导作对,不仅会与领导个人结怨,还容易成为单位的对立面。当然,这并不是说领导不能批评,不能罢免,而是强调员工的个人意见要通过正常的渠道和方式反映,而不能拿工作相要挟,领导的任免是组织的意志,需要通过合法程序,而不能个人意气用事。

尊重并维护领导权威,不仅是单位正常运转的需要,也是作为下级个人自身职业安全的需要。领导与员工(通常是副职和领导班子成员)之间的冲突往往是残酷的,因为领导有上级的支持、员工的拥护,可以代表单位行使职权,所以,无论自己多么优秀,对单位贡献多大,与领导冲突通常会对自己的职业前程产生消极影响,甚至断送自己的职业前程。

领导是单位的人格代表,领导个人的面子关系到单位的尊严,所以,有条件的单位都会用一定的形式彰显领导的权威。在这个问题上,古今中外,没有区别。

战国时期,秦王有一次与赵王相会,秦王恃强凌弱,让赵王吹瑟奏乐,以示羞辱。赵王的随从蔺相如以命相逼,迫使秦王击缻(一种乐器),为赵王也是为赵国挽回了面子,蔺相如因此厥功至伟,官至上卿。乔布斯重病住院期间,库克主持工作,苹果公司蒸蒸日上。库克即将接替乔布斯,成为苹果公司的当家人,已经是呼之欲出。在这种情况下,库克十分谨慎,他说:"我希望自己的名字从不出现在报纸上",以维护乔布斯的权威。领导也是人,爱面子,有私急,按照乔布斯的个性,这个时候库克稍有不慎,居功自傲,能否顺利接班,难免会存在变数。

在中国传统文化里,评价臣子的标准不是自己建功立业,而是辅佐君王,管仲之所以成为一代名相,是因为他使齐王称霸一时。现代社会,下级与领导共事,不要与领导争名誉、争地位,领导的荣耀是单位的荣耀,也是员工的荣耀,相反,过于看重个人得失,喜欢出风头,不仅仅会冒犯领导个人,也是对单位的伤害,会遭到员工的反感,任何单位都不会长期容忍不尊重领导的员工。

需要强调的是,员工服从领导,听从指挥,是单位正常运转的基本条件,但这并不意味着领导在人格上高人一等,在现代社会,"领导—跟随"的职场分工同个体之间人格尊严的平等是并行不悖的。要避免将职场分工同人格尊严混为一谈,一方面,遵守职场秩序并不意味着人格的高低贵贱,另一方面,主张人人平等但不能否定"领导—跟随"的职场分工。

在现代社会,领导与下属之间不是人身依附,尊重领导也需要把握分寸,在领导面前低三下四,作践自己,容易引起周围人的反感,也被正直的领导瞧不起,所谓"易事而难悦"。孔子面对君王过于拘谨谦卑,所谓"踧踖如也,与与如也"(《论语·乡党》),也遭人议论,故孔子自嘲道:"事君尽礼,人以为谄也。"(《论语·八佾》)这也告诉我们,尊重领导把握分寸的一个基本原则是,既要维护领导的权威,又不要引起周围人的反感。这里并没有一成不变的模式和技巧,关键是要尊重单位的文化和传统,仔细观察,用心体会,逐步形成自己与领导打交道的健康风格。至于出于个人目的阿谀奉承、吹牛拍马等庸俗的交往方式,更是要自觉地摒弃。

二、影响领导

当然,牝马之贞并不意味着下级只能无所作为,盲目地顺从领导,相反,牝马之贞要求下级为了单位事业发展的需要,能够尽职尽责,积极为领导出谋划策,排忧解难,包括对领导提出批评建议,成为影响领导的他者。这包括互相联系的两个问题,一是如何形成合理化的建议,二是如何让领导接受建议。

1. 合理化建议

所谓合理化建议,首先就是能够帮助领导正确决策的意见和建议,使单位能够积极应对环境变化,促进单位事业的发展。领导迷茫时,能够给领导指出前进的方向;领导犹豫时,能够帮助领导下定决心;领导失误时,能够帮助领导回到正确的轨道上,等等。历史上的名臣名相,之所以能够成为影响君王的他者,就在于他们能够在环境变化面前帮助君王决策并付诸行动,或者抓住机遇,或者摆脱困境,成就伟业。譬如,《触龙说赵太后》之所以成为经典,就在于触龙帮助太后改变了自己的错误,挽救了赵国,也从根本上保障了赵氏家族的安全。

合理化建议首先需要出于公心,出于忠心,有利于单位,有利于事业,有利于领导,如果借口单位和事业的发展需要而谋取私利,颠覆领导,那就不是合理化建议,而是阴谋,不仅不会被采纳,还会害人害己。

公心是相对于单位而言的,忠心是相对于领导而言的,作为下级思考问题并建言献策,既要有利于单位的发展,又要照顾到领导的私急。一般来说,领导与单位的利益是一致的,所以,公心与忠心通常并不矛盾,但是在特殊情况下,领导也有可能成为单位发展的累赘甚至障碍。不过,处理领导与单位的矛盾,通常是上级的权限,需要法定的程序,不是作为下级的个人可以自作主张的。在这种情况下,首要的问题不是下级的主张是否正确,而是下级是否遵守纪律。

其次,合理化建议是从环境变化的实际出发,并且能够创造性地应对环境变化,简单地说,合理化建议"管用",能够解决实际问题,这是合理化建议最为根本的要求。刘备初见诸葛亮的时候,实际上处于流寇的状态,疲于奔命。诸葛亮建议,先找块根据地,与曹操和孙权鼎足而立,再图谋天下,为刘备指明了方向,所以,刘备对诸葛亮言听计从。

水镜先生向刘备推荐诸葛亮的时候,刘备说,我身边也有文人谋士。水镜先生说,你身边的那些人不过是书生,而诸葛亮识时务,识时务者为俊杰。所谓"识时务",也就是前面讲的知天命,书生与俊杰的区别在于,书生往往是从书本出发,用书本上的教条指导现实生活,而识时务者能够从实际生活出发,能够创造性地应对环境变化,用商鞅的话说,就是能够面对环境变化作法更礼。从思想方法看,合理化建议不是意气用事,而是理性思考;不是从良好的愿望出发,而是从实际出发;不是教条主义,重复正确的结论,而是面对环境变化有原创性的见解,能够使单位和领导绝处逢生。

最后,合理化建议是面向未来的建议。孔子讲:"成事不说,遂事不谏,既往不咎。"(《论语·八佾》)大意是说,已经做过的事情不用提了,已经完成的事情不用再去劝阻了,已经过去的事也不必再追究了。过于在意哪些已经过去的事情没有办好,甚至责任在谁,对于正在做的事情说三道四,这些不仅无益于今后,还会得罪人,通常是无效的建议。当然,这不是说不要总结历史经验,但总结历史经验不是为了纠缠过去的是非,而是为了回答现在怎么办、将来怎么办。

西方经济学有一个边际决策原理,譬如,企业在决定是否增加产量的时候,不是看已经发生的成本,而是要比较新增加产量所发生的成本和收益,即边际比较。如果新增加一个单位的产量所发生的成本高于所增加的收益,即边际成本高于边际收益,则不应该增加产量,反之,如果边际收益高于边际成本,则应该增加产量。引申开来,我们作出一项决定,要权衡这项决定所产生的利弊,如果利大于弊,这个决定就是有效的,如果弊大于利,这个决定就是无效的,也就是看这项决定对未来的影响,而不是看这个决定是否符合某个原理,是否符合过去的经验。边际决策的思想与前面强调的引领环境变化是一致的。

现代社会是急剧变化的社会,尤其是在经济生活中,新技术、新产品不断涌现,旧技术、旧工艺、旧产品逐渐被淘汰,经济组织也在不断地调整变化之中。乔布斯问如何使苹果公司成为长盛不衰的企业,马库拉的回答是,要学会像蝴蝶一样华丽地转身,才能适应不断变化的环境。正是在这种思想的指导下,苹果公司从专门生产电脑到开发出 iPod、iPhone、iPad 和 App store 等,才有辉煌的今天。

2. 说服领导

作为下级,不仅自己的建议要合理,能够解决实际问题,还需要说服领导接受,即使是合理化建议,如果领导不采纳,也是无效的建议。而且,合理化建议经常与领导的想法相冲突,在这种情况下,说服领导接受合理化建议更为困难,更需要注意方法。

古希腊哲学家亚里士多德认为,成功的劝说包括三个互相联系的要素:信任(ethos)、关切(pathos)和逻辑(logos)。关于信任和关切在交流中的作用,前面详细分析过,这里只强调一点,领导只有信任下级,才有可能接受下级的建议。所以,下级出于公心和忠心,不仅是形成合理化建议的前提,也是说服领导接受建议的前提。如果领导信任我们,我们的批评建议就是良药苦口,即使错了也是可以被原谅的;反之,如果领导怀疑我们,我们的批评建议就是诽谤抹黑,即使有道理有根据,也是居心不良。一旦领导怀疑下级的动机,即使是合理化建议,一般也不会被接受。

孔子的学生子路问老师,如何和领导打交道?孔子说:"勿欺也,而犯之。"(《论语·宪问》)意思是说,可以与领导有不同意见,甚至可以争论,但不能欺骗领导,至少是不能让领导认为自己在欺骗领导。作为下级,在对领导提出批评建议的时候,要权衡自己与领导之间的信任状态,要评估批评建议会不会伤害领导对自己的信任,如果我们的批评建议有可能引起领导的反感,就要特别注意方式方法,甚至搁置自己的意见,这不是胆小怕事,而是交流效率的要求。现实生活中,一旦领导认为下级不忠,下级在今后的日子里通常难有所作为。

案例 7-2 贾诩顾左右而言他

曹操被封为魏王之后,需要在自己的四个儿子中确立一位世子,以继承王位。按长幼次序,该立老大曹丕,但老三曹植文采飞扬,出口成章,颇受曹操喜爱,故曹操在谁接班的问题上犹豫不决,于是征求谋士贾诩的意见。贾诩不敢吭声,曹操逼着他回答,无奈之下,贾诩说,我在想袁绍的故事。袁绍也有两个儿子,由于在谁接班的问题上犹豫不决,结果导致兄弟之间互相残杀。曹操当然知道这些,于是说,行,我明白了,遂立曹丕为世子。

显然,贾诩是有倾向性的,事实上,他暗地里还经常为曹丕讨得曹操欢心出谋划策。之所以不敢直接推荐曹丕,就是怕曹操怀疑自己,亲信近臣私下的交往也是君王十分忌讳的。即使曹操追问,仍然只讲袁绍的故事而不直接表达自己的真实想法,就是尽可能让自己置身事外,避免引起曹操对自己的猜忌。

在这个案例中,贾诩的建议是合理的、有效的。拥立曹丕的建议避免了曹家兄弟之间的互相残杀,尽管后来曹丕对曹植也不客气,但毕竟没有兵戎相见。曹操接受了贾诩的建议而没有怀疑其私下勾结,得益于贾诩借助袁绍的教训委婉地表达自己意见。这是一种适合局外人或者圈外人的交流方式,使得贾诩既实现了自己的期待,又得以明哲保身。这个案例告诉我们,在说服领导的过程中,不要自恃意见合理而不顾上下级之间的信任状态。

逻辑这个术语比较抽象,在不同的语境下有不同的含义。逻辑可以是指客观事物之间的内在联系,即现实逻辑,譬如,长安君不为人质,齐国就不会出兵相助,齐国不出兵,赵国就会被灭国,这就是现实逻辑。逻辑也可以用来指我们立论要有根据,材料能够支撑观点,即语言逻辑。譬如,历代王侯将相的子女少有继承父辈的职务,说明没有功劳难以身居高位,如果长安君不为人质,对国家没有功劳,太后百年之后,长安君就没有本钱享受荣华富贵,这就是语言逻辑。

逻辑也可以是指个性化的思维方式,包括思维习惯甚至是思维的局限性,即个性逻辑。我们每个人的思维方式不一样,在这个意义上,有一个"谁的逻辑"的问题。其实,这个问题很好理解,面对一个虔诚的教徒宣扬无神论和面对一个坚定的无神论者宣扬因果报应,都是不符合逻辑的。譬如,长安君不为人质,赵国就会被灭国,这是现实逻辑;历史经验表明,长安君不为人质,将来难以身居高位,这是语言逻辑,赵太后不理会前者,却可以接受后者。赵太后本能地倾向于母亲的角色而罔顾君王的责任,当然是一种偏执和狭隘,但是,直接批评赵太后的错误,不仅无济于事,还会引火烧身,相反,顺应太后的关切和思维方式,既可以纠正太后的错误,也可以保全自己。触龙的劝说不仅符合语言逻辑,也尊重了太后的个性逻辑,客观上也符合现实逻辑,因此是有效的交流方式。

商鞅以城门立木的方式取信于民,其成功之处就在于符合普通民众的个性逻辑。我们经常讲,做思想工作不要一味地讲大道理,大道理通常都是现实逻辑和语言逻辑,本身并不错,问题在于,如果大道理与人们的个性逻辑相冲突,就不会起作用。所以,在说服领导的过程中,不仅要遵守现实逻辑,符合语言逻辑,还要尊重领导的个性逻辑。

3. 用之则行,舍之则藏

即使下级的意见合理,方法得当,仍然有可能被领导拒绝。现实生活中这种现象并不少见。在这种情况下,作为下级,不能因为出于忠心和意见正确而固执己见,而是需要服从领导的决定。

孔子讲:"用之则行,舍之则藏。"(《论语·述而》)意思是说,如果领导采纳我们的建议,我们当全力以赴贯彻执行,以取得预期的效果;如果领导拒绝我们的建议,可以保留个人意见,但必须坚决执行领导的决定。"舍之则藏",就是个人意见保留的意思。这是因为前面讲过,领导毕竟是单位的决策者和责任人,作为下级,可以批评建议,但不可以越俎代庖,所以,孔子并不全盘否定"君子一言"的决策方式。如果自以为是，违抗命令，则会扰乱职场秩序，也会给自己造成麻烦。当然，"将在外，君命有所不受。"不过，这是极其特别的情况，另当别论。

领导也是人，难免偏见和失误。但是，领导在某个问题上的决策失误并不意味着领导不称职，领导拒绝下级的某个合理化建议也不意味着领导在怀疑下级。所以，面对领导的失误包括拒绝自己合理化建议而导致的失误，作为下级，应该安慰并尽力补救，而不要落井下石，借口领导的失误而攻击领导甚至颠覆领导。失误的情况下受到攻击更容易伤感情，更容易产生不必要的冲突，既影响工作，也会恶化上下级之间的关系。

当然，孔子也讲过："道不同，不相为谋。"（《论语·卫灵公》）面对不称职的领导，可以保持距离，可以通过合法的途径反映情况，甚至可以辞职，但不宜以一己之力与职场纪律相冲突，与自己的员工身份相冲突。

第三节　案例分析

领导与下级的交流是职场交流的本质特征，不仅影响单位和事业的发展，还关系到领导和下级的职业前途。第六章和本章的第一、二节分别从领导和下级的角度讨论了领导与下级交流的特殊性，现在讨论一个中国历史上经典的君臣交流案例，作为"领导与跟随"这一部分内容的运用和总结。

案例 7-3　赤壁之战前夕的决策

公元 208 年，曹操号称百万大军，千员战将，挥师南下，所向披靡，夺取长江天然屏障荆州，陈兵长江北岸，直逼江南东吴。东吴君王孙权举棋不定，寝食难安，迎战害怕寡不敌众，投降担心曹操不容。

一

孙权手下文武官员，是战是和，意见不一。长史（相当于首相）张昭主张投降，理由是：曹操以朝廷的名义出兵，抵抗无名；曹操收编了荆州水兵，长江已经无险可守；曹操号称百万大军，千员战将，东吴兵微将寡，实力悬殊，寡不敌众；投降可保东吴安宁，避免生灵涂炭。

而另一位大臣鲁肃私下对孙权讲，张昭包括我都可以投降，唯独主公不能投降。孙权问为什么，鲁肃说，投降之后，我们可以官照当，至少是衣食无忧，可主公如何下场则要看曹操的心情，至少是东吴君王做不成了。

孙权拉着鲁肃的手说，卿言甚合孤意，张昭甚失孤望。

二

刘备在曹操大军的追赶下，落荒而逃，居无定所，于是派诸葛亮劝说孙权，孙刘两家联合起来共同抵抗曹操。

诸葛亮见到孙权后说,我家主公当然希望孙刘两家联手抗曹,但力量悬殊之下也要量力而行,投降也不失为一条出路。不过,是战是降,将军应该早做决断,如果犹豫不决,到时候连投降的本钱都没有了。

孙权问,那刘备为什么不投降呢?诸葛亮答道,我家主公身为皇叔,志在天下,与曹操势不两立,打不赢是命运不济,岂能自甘人下?孙权很不高兴,言道:我是东吴之主,何尝受制于人?刘备新败,何以抗曹?

诸葛亮回答道,我家主公尚有2万人马,还有关羽、张飞和赵子龙等一众悍将,虽然兵力悬殊,但曹操远道而来,势如强弩之末,加之北方人不善水战,荆州降兵未必心服,一旦孙刘联手,曹操必败,二位将比肩曹操鼎足而立,成败在此一举。

孙权觉得诸葛亮言之有理,非常高兴,对诸葛亮以贵宾相待。

三

孙权的心腹干将周瑜从外地赶回,力劝孙权迎战,认为曹操犯兵家大忌,正是主公一显身手的难得机遇。理由是:曹操挟天子以令诸侯,人心不服;西北未平,曹操后方不稳;中原士兵远道而来,疲于奔命;主公长期经营江东,丰衣足食,人民团结,兵强马壮,正当一战。

孙权深受鼓舞,对众官言道,曹操篡夺汉室江山的野心由来已久,如今数雄俱灭,唯一的障碍就剩下我了。周瑜主战,甚合我心,此乃天赐将军于我,我与老贼势不两立。说罢,抽剑砍断了身前的办公案台,声称再言投降者,当同此案,并授剑给周瑜,让其做好战争准备。

四

尽管如此,诸葛亮私下对周瑜讲,我担心你家主公还有顾虑,应该继续做工作。

当晚,周瑜见孙权说,曹操号称百万大军,但据我调查,实际只有20万人。其中,10余万人来自北方,长途奔袭,水土不服,寒冬腊月,补给困难,新投降的8万荆州水兵迫于形势,军心不稳。疲惫之师率狐疑之众,不堪一击,给我5万人马,稳操胜券。

孙权拍着周瑜的肩膀说,这我就放心了。大难当头,张昭等人让我失望,唯有你与鲁肃与我同舟共济。5万人马一时难以凑齐,给你3万精兵打头阵,粮草辎重一应俱全。倘若不利,回来与我并肩作战,我与曹贼决一雌雄。

这个案例给我们如下启示。

第一个问题,孙权为什么对张昭感到失望,觉得鲁肃对自己亲密?

张昭和鲁肃都是长期跟随孙权的亲信和重臣,张昭的级别还高一些。在当时的历史背景下,张昭主张投降并不是一件羞耻的事情,在曹操以朝廷的名义扫除各方诸侯的过程中,有殊死抵抗的,也有投降归顺的,荆州就是拱手相送给曹操的。作为东吴的首席行政长官,张昭主张不战而降以保东吴百姓安宁,颇有以民为本的情怀,至少在明面上是冠冕堂皇的。

作为东吴的君王，孙权当然关心百姓安宁，但同时也会关心自己个人及家族的命运，投降之后，曹操将如何处置自己，这是孙权内心深处的忧虑。而且，这种对个人命运的关心是不方便在公开场合表达出来的，这就是韩非讲的"私急"。在生死攸关时刻，作为自己信任和倚重的首席重臣，张昭只讲百姓安宁而不顾君王安危，从个人情谊来说，孙权自然十分失望。

而鲁肃私下对孙权讲，臣子可以投降，君王不能投降，正好回应了孙权的内心关切。一般来说，投降之后，君王手下的干部可以留用，而君王不会有好的结局。关键时刻，鲁肃关心君王的身家性命，君臣之间，亲如兄弟，所以，孙权自然会对鲁肃倍感亲密。

现实生活中，领导关心个人的职业前途乃人之常情，无可厚非，也禁止不了，回应领导私急，是上下级交流不可忽视的因素。

第二个问题：诸葛亮的任务是说服孙权抵抗曹操，但为什么又说孙权可以投降？

鲁肃在引荐诸葛亮拜会孙权之前，曾反复叮嘱诸葛亮，在孙权面前，一不要说曹操强大，二不要说孙权可以投降，以坚定孙权抵抗曹操的决心。诸葛亮当面应承，但见了孙权之后，既言曹操强大，又说孙权可以投降，而且宜早不宜迟。诸葛亮看似自相矛盾的语言策略，意在取得孙权的信任。

首先是取得孙权对自己的信任。诸葛亮此行的目的，东吴上下，路人皆知，孙权当然也知道。在面见孙权之前，张昭曾经带领一班文官诘难诸葛亮，认为诸葛亮此行的目的不过是假东吴之手，挽救垂死挣扎的刘备，而将东吴推向战火之中。诸葛亮说孙权可战可降，只是应该早做决定，显得超脱，公允，表明自己并不仅仅是刘备的说客，也在设身处地地为孙权着想。在掩盖不了真实意图的情况下，表明自己不仅是为了刘备，也有利于东吴，是取得孙权信任的有效方法。由于对孙权内心关切的准确把握，诸葛亮根本不用担心孙权真的会选择投降，后面断言刘备不会投降，也有警告孙权投降后果的意味。

其次是取得孙权对刘备的信任。军阀混战中，诸侯分分合合的事情经常发生，一旦与曹操开战，刘备会不会趁人之危，孙权不可能没有顾虑，问刘备为什么不投降，就是这种顾虑的反映。诸葛亮说刘备与曹操势不两立，不可能投降，当然更不可能与曹操联手，也是给孙权一颗定心丸，一旦开战，刘备是可靠的同盟军，刘备虽然失败，但还有 2 万人马，不失为东吴的帮手。从后来周瑜请兵 5 万孙权只给 3 万来看，孙权事实上已经接受了诸葛亮联合抗曹的建议。

前面讲过，信任是成功劝服的前提，作为外人，只有得到孙权的信任，自己的建言献策才会发挥作用，事实证明，诸葛亮的语言策略是成功的。

第三个问题：在孙权誓言不投降的情况下，诸葛亮凭什么判断孙权还没有最后下决心迎战曹操？

这首先是对孙权内心关切和个性逻辑的深刻把握，孙权的内心关切实际上是两个方面，投降担心曹操不容，但迎战害怕寡不敌众。在众人的劝说下，孙权虽然誓言不降，但仍然没有打消寡不敌众的顾虑,就孙权的个性逻辑看,不战而降,还有一线侥幸,如果兵败而降,必死无疑,所以,只要还有寡不敌众的忧虑,孙权就难以下决心。

其次是从言行看,虽然孙权明确不投降,但大敌当前,作为统帅,只是让手下周瑜准备迎战,自己却按兵不动,如何迎战,也尚无主见,这些都表明,孙权尚在犹豫之中。

在诸葛亮的提醒下,周瑜告诉了曹操的真实兵力,现实逻辑表明,迎战曹操有胜算,孙权这才下定决心,与曹操一决雌雄。如果当时曹操真有百万大军,孙权未必敢应战,三国的历史也许会重写。在小说《三国演义》中,周瑜这个时候发现诸葛亮竟然能够看透君王的内心世界,觉得这个人太可怕了,必欲除之而后快。

以上三个问题的答案集中到一点就是,取得信任,回应关切,符合逻辑,是成功劝服的三个重要因素。

第四个问题:如何评价孙权在战前决策中的作用?

当然,成功的交流是双方积极互动的产物,在这次战前决策中,孙权的表现也是值得称道的。

首先,大敌当前,孙权不是出于个人安危意气用事,盲目应战,而是冷静地倾听不同的意见,包括局外人的意见。而且,在这个过程中,不是以其昏昏,使人昭昭,犹豫的过程是一个逐渐形成自己主见的过程,直到明确了敌我双方的力量对比,有把握战胜曹操后,才下定决心开战,充分发挥了一个杰出统帅的作用。

其次,以德服人。孙权迎战曹操当然有个人利益的考量,但在文武百官面前,他把对曹操的战争说成是维护汉室江山的正统,使自己的行为具有道义上的力量。虽然在个人感情上对张昭感到失望,但并没有为难张昭,使得张昭在战争中能够正常发挥作用,即使在战争胜利后,也没有追究张昭曾经主张投降的罪责,保证了君臣团结。东吴不过是偏于一隅的地方政权,能够在三国时期作为"一国"长期存在,孙权这个人物是重要的因素,其中,不以好恶乱是非、不以亲疏论英雄的领袖素养是值得学习的。

《赤壁之战前夕的决策》是一个经典的案例,给我们的启示是多方面的。譬如,面对相同的环境变化,张昭和周瑜有针锋相对的主张,并且双方都有理有据,难辨是非。这种有趣的语言现象,留待下一章讨论。

基本概念

贵人相助、举尔所知、牝马之贞、合理化建议、公心、忠心、边际决策、现实逻辑、语言逻辑、个性逻辑

基本观点

(1)职场上的人才选拔机制主要是通过个体举荐实现的,所以,发现贵人,跟随贵人,不辱君命,是青年员工健康成长的重要途径。

(2)只要是按照合法程序产生的领导,作为下级,都应该尊重和服从,工作上有分歧,可以个人意见保留,可以保持距离乃至辞职,但不可以颠覆领导。在这个问题上,职场纪律是第一位的。

(3)在现代社会,领导与下级的关系不是人身依附,所以,尊重领导也要把握分寸,不得为了一己私利而损害单位目标甚至丧失人格,以致引起周围人的反感。

(4)有效跟随不仅要求下级尊重领导,还要求下级能够影响领导,主要是下级能够提出并有效说服领导接受合理化建议。

(5)合理化建议是出于公心和忠心的建议,是面向未来积极应对环境变化的建议,边际决策是合理化建议的重要方法。

(6)有效说服领导需要彼此信任、回应关切、符合逻辑,包括照顾到领导的局限性等。

(7)上下级之间的良性互动既需要下级出于公心、忠心,回应关切,符合逻辑,也需要上级不以好恶乱是非,不以亲疏论英雄,共同面向未来。

练习与思考

1.指出下面的观点哪些是正确的,哪些是错误的,并简要说明理由。

(1)单位对青年员工的培养和帮助主要是通过个体实现的。

(2)青年员工要得到贵人相助,前提是有让人欣赏的内在价值。

(3)领导就是贵人。

(4)贵人相助是一种人际信用。

(5)即使在今天,牝马之贞仍然是下级必须遵守的基本规则和伦理。

(6)牝马之贞要求青年员工不应该有竞争领导岗位的企图。

(7)只要是按照合法程序产生的领导,下级都必须尊重和服从。

(8)尊重领导就是一切按领导的意图办事,错了领导负责。

(9)公心就是忠心。

(10)合理化建议不仅要有理论依据,还要有历史的经验教训作为支撑。

(11)合理化建议就是领导能够接受的建议。

(12)工作中,只要我们的意见是合理的,就应该坚持。

2.结合案例7-1,你认为青年员工只要和领导关系好,就会得到提拔和重用吗?

3.结合案例7-2,你认为只要意见合理,下级都应该直言不讳地讲出来吗?

4.结合案例7-3谈谈你对劝服交流中"符合逻辑"的理解。

第八章

信息与意义

如何运用信息(主要是语言)实现我们的交流目的,是任何形式的交流都必须面对的问题,第八章主要在职场交流的语境下讨论这个问题。本章分为四节,第一节简要介绍了传播学对信息与意义的新认识,用一个案例说明了运用信息生成意义的基本规则,第二节从两种信息形式的比较分析了事实与意义的区别,是本章的重点和难点,第三节介绍了生成意义的两种主要方法,第四节讨论了面对媒介信息生成意义的特殊性。通过本章的学习,需要重点掌握如下知识。

(1)交流是运用信息生成意义,职场交流是为了促进工作,维护团结,这就需要我们有效地、道德地生成意义。

(2)客观事实本身没有意义,用语言构建的事实则有意义。事实的意义是我们的主观好恶和是非判断,体现了我们对未来的期待。

(3)面对事实生成意义有抽象和象征两种主要方法,抽象要接地气、能服众、面向未来和避免无谓的争论,象征要注意不矫情、不惹事、不抬杠。

(4)面对纷繁芜杂的媒介信息,需要形成健康有效的关注—过滤机制,警惕媒介悖论,避免好恶代替是非,对媒介信息有效地、道德地生成意义。

第一节 传播学的新进展

信息(messages)与意义(meanings)是传播学中一对互相联系的重要范畴,传统的解释是,信息是意义的代码(code),意义是信息的内容(content),或者说是信息代表的对象,相当于现代汉语里的"含义""内涵"和"意思"等。我们把写文章、发表演讲称为编码(recode),就是选择恰当的语言符号把我们的所思所想表达出来,相应地,读书、听报告称为解码(decode),也就是通过对语言符号的解读明白作者的本意或原意。

随着研究的不断深入,传播学界对于信息与意义的关系有了新的认识,2013年,美国传播学会在一份研究报告中,将交流定义为运用信息生成意义[①]。这个定义意味着信息并不是意义的外衣,而是构成意义的要素,没有脱离信息而存在的意义,不同的信息体现着不同的意义。譬如,面对一个人的死亡,可以有"死了""逝世""上西天"等多种表述,显然,这些不同的信息实际上是意义的区别,体现了信息传递者对死者的不同态度。

由此看来,意义是我们的主观体验和认知,所谓"运用信息生成意义",就是运用信息形成

---

① The discipline of communication focuses on how people use messages to generate meanings within and across various contexts, cultures, channels, and media. The discipline promotes the effective and ethical practice of human communication. National Communication Association Core Competencies Task Force Report December 16, 2013. https://www.natcom.org/sites/default/files/pages/Basic_Course_and_Gen_Ed_NCA_Core_Competencies_Report_December_2013.pdf

我们的观点。在这个问题上,我们的先贤是有丰富经验的。

孔子在《春秋》中记载:郑伯克段于鄢。郑伯,名寤生,郑伯是寤生的职位,即郑国的君王,段是人名,郑伯的弟弟,兄弟俩在鄢这个地方打了一仗,段失败逃走。起因是寤生当了郑国的君王(史称郑庄公)后,其弟段不服,在母亲的支持下篡权夺位。

在这个记载中,孔子不提兄弟情,是因为兄弟二人势同敌国,你死我活。用爵位称呼寤生,而对段直呼其名(段也是有封号的,即共叔段),表明了孔子认同郑伯,厌恶段的犯上作乱,所谓"弟不弟"。一个"克"字,意味着这场战争不是兄弟之间的争权夺利,而是正义战胜了邪恶。短短六个字,孔子的好恶之情跃然纸上,在亲情与君臣关系发生冲突时,君臣关系是第一位的。孔子的这句话,是运用信息生成意义的经典范例。

所以,我们判断一个人的语言能力,不是看辞藻华丽,引经据典,而是看运用语言形成的观点能否实现自己的交流期待。只有那些对未来产生积极影响的观点,其语言才是鲜活的,新颖的,相反,思想贫乏的语言只不过是陈词滥调,浪费纸墨。孔子的"辞达而已",杜甫的"语不惊人死不休"等,都是强调语言是实现我们交流期待的工具,而不仅仅是遣词造句的技巧。

案例 8-1 乔布斯动员斯卡利

1983年,苹果公司的董事长乔布斯邀请约翰·斯卡利到苹果公司担任总裁。当时,斯卡利已经是百事可乐公司的总裁,业绩突出,名声在外,所以,面对苹果公司的邀请犹豫不决,当然,也有讨价还价的成分。这个时候,乔布斯说了一句很有名的话:

你是想卖一辈子糖水呢,还是想抓住机会来改变世界?

据斯卡利本人回忆,正是这句话,促使自己最终下决心离开百事可乐,应聘苹果公司。

这个案例可以说明生成意义的一些主要特征。

(1)面对同一对象,我们可以生成不同的意义。譬如,征程过半,既可以是胜利在望,也可以是任重道远。面对斯卡利现在的工作,我们既可以说是企业高管,也可以说是卖糖水的,当然,还可以说是营销大师等。

(2)具体生成什么意义,取决于我们的目的。卖饮料和卖电脑不过是市场分工的不同,没有高下之分,这也是一种意义,而且是我们习以为常的意义。但乔布斯的目的是邀请斯卡利到苹果公司就职,所以,他为苹果公司生成了崇高的意义,认为到苹果公司是可以改变世界的,而卖可乐只不过是卖糖水,是平庸的,甚至是低级的职业。

(3)同一对象的不同意义会引起人们不同的反应。一般来说,面对企业高管,人们会心生敬意,而面对一个卖糖水的人,人们会习以为常。当然,不是每个人都是这样的反应,但斯卡利很在意乔布斯的评价,因为乔布斯当时是明星般的人物。乔布斯别出心裁地生成意义对其他人未必奏效,却改变了斯卡利的态度,这一效果是因为斯卡利本人认可乔布斯生成的意义,更一般地说,意义的效果是由交流对象(受众)自己实现的,交流的效果不仅取决于我们的努力和创造,还取决于对方的反应,所谓一个巴掌拍不响。所以,我们生成意义需要回应对方关切。

(4)有效地(effective)、道德地(ethical)生成意义。在传播学中,效果和道德是衡量交流的一般标准,就职场交流而言,所谓效果就是能够促进工作,实现单位的任务目标和员工自己的职业追求;所谓道德就是能够促进团结,实现单位的团结目标,而不是导致无谓的冲突。就乔布斯成功地动员斯卡利就职于苹果公司而言,乔布斯有效地生成了意义,尽管有些狡黠,但也谈不上不道德,说斯卡利是卖糖水的,当然是一种贬损,但可乐毕竟是一种含糖饮料,更为重要的是,斯卡利认同这一意义,如果换一个人,换一种场合,这种贬损很有可能引起纠纷。所以,生成意义的伦理效果受语境的影响。

第二节　事实与意义

一、完整的与线性的信息

心理学的研究表明,我们人类接受和处理两种信息,一种是我们通过自己的感官包括视觉、听觉、味觉、嗅觉和触觉等感知到的对象,也就是我们观察到的事实(fact);另一种是运用语言表达的对象,即语言信息。事实是完整的信息(global messages),语言是线性的信息(linear messages),人的右脑接受和处理完整的信息,左脑接受和处理线性的信息(图8-1)。

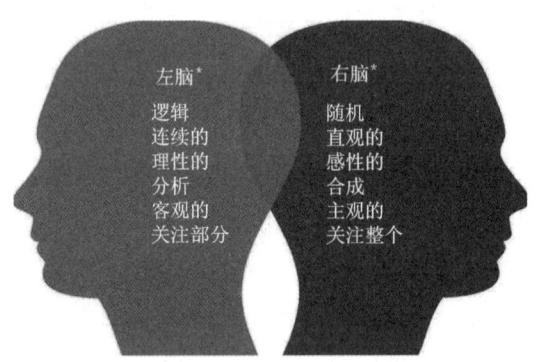

图 8-1　人脑不同区域处理不同的信息(图片来源于网络)

事实是个别的、具体的、确定的完整印象,在这个意义上,我们说事实是完整的信息,譬如我们观察到的余老师是区别于其他老师的个体,余老师的身材相貌、言谈举止、人品能力等互相联结,是一个不可分割的、独一无二的整体,我们很容易确认眼前的这个人是不是余老师。

但是,当我们用语言介绍余老师的时候,我们只能逐字逐句地描述余老师的不同方面,最后形成关于余老师的印象。语言只能通过对象的构成元素来表达对象,字成句,句成文,文及对象,这就类似于手工织毛衣,一针一线地织成一件衣服,或者,相当于用零散的积木搭拼成完整的形状,在这个意义上,语言是线性的信息。观察到的事实和运用语言陈述的事实各有不同的特征。

二、事实的客观性

事实是外在环境的变化,不以我们的主观意志为转移,我们观察到的事实总是个别的、具体的和确定的,而且,我观察到的事实他人也可以看到,所以,相对于语言信息而言,人们更愿意相信事实,所谓"百闻不如一见""事实胜于雄辩",等等,这在心理学上称为实在倾向(extensional orientation)。

当然,人类也会对语言信息产生反应,这称为名义倾向(intensional orientation),譬如说,当我们听到蟑螂、蚊子等符号的时候,就会反感,甚至害怕,这就是一种名义倾向,但一般来说,人们的实在倾向强于名义倾向,正因为如此,我们写文章作报告需要摆事实讲道理。这也可以解释,为什么视频和图片受欢迎,因为视频和图片比语言文字更接近于事实。当然,图片和视频仍然是一种符号,不是事实本身,图片不是实物,视频不是现场。

事实的客观性还表现为,事实本身不会说话,不会告诉我们事实之间的联系,不会告诉我们事实发生的原因和结果,等等,因此可以说,事实本身没有意义。

三、事实的敏感性

但是,事实会刺激我们发生心理反应和理性思考,形成关于事实的观点,或者说,事实本身没有意义,却会刺激我们生成意义,这就是事实的敏感性。关于事实的观点包括好恶和是非两个部分。

首先,事实会使我们产生心理反应,我们会喜欢一些事实,厌恶一些事实,这就是好恶。古人讲,"恶恶臭,好好色",意思是说,我们会本能地排斥下流的事实,偏好美好的事实。除了生理因素外,文化因素也会影响好恶,比如说,我们会反感揭发英雄的缺点,鼓吹敌人的优点,尽管这些优缺点也是事实。

我们对事实的好恶会形成交流的禁忌,在实际交流中,我们会自觉不自觉地回避那些"恶臭"类的事实,津津乐道于那些"好色"类的事实,会自觉不自觉地"为尊者讳"。所谓"善意的谎言"(white lies),就是为了避免极端反应而掩盖事实。所以,尽管是事实,也不是可以随便说的,前面讲的"隐恶扬善",包括今天提倡的弘扬正能量,都有这个道理。在这个问题上,没有文化的区别,东方如此,西方亦如此,世界上每个民族都有自己的交流禁忌,只不过是好恶的标准不同而已。

其次,事实会引起我们的理性思考,形成关于事实的是非判断。关于事实的是非判断一般来说包括如下几个方面。

①原因(why):事实发生的原因,即为什么会发生这个事实?

②性质(which):事实属于什么性质?比如面对一起车祸,是阴谋还是意外;同事之间的冲突是违反道德还是触犯法律;公司股票下跌,是必然还是偶然;一项工程上马,对于我们是机遇还是挑战,等等。

③结果(what):事实会产生什么后果,或者说事实会产生什么影响(significance)?

④对策(how):如何应对眼前的事实?

举一个例子,20世纪90年代末,市场上的手机开始装上摄像头,这是一个事实,大多数人在这个事实面前无动于衷,甚至觉得理所当然。但乔布斯非常警觉,认为手机能装摄像头,将来就可能带语音播放器,就会威胁到自己的音乐播放器 iPod,于是决定自己生产带语音播放器的手机 iPhone,这就是面对事实而产生的关于影响和应对的思考。

四、语言信息的构建性

因为我们对事实有自己的观点,包括好恶和是非,所以,我们用语言表达的事实不同于我们观察到的事实,这就是语言信息的构建性,语言信息的构建性(constructed)主要体现在以下方面。

1. 事实是客观的,语言信息是有目的的

一年365天,每天会发生许多事实,通常,我们会忽略大多数事实,而只会关注那些对我们有所刺激的事实,而且,我们对事实的好恶和是非感越强烈,我们的表达冲动就越强烈,所谓"虑之于心而宣之于口"。

我们陈述事实是要表达自己的观点,只会表达那些有意义的事实,而忽略或者滤掉那些没有意义的事实。换句话说,事实因为我们的观点和表达而有意义。譬如说,单位总结一年的工作,不会将这一年发生的所有事情都叙述一遍,而是突出一年当中那些我们认为有意义的人和事,相对而言,我们提及的工作有意义,而未提及的工作则没有意义。面对客观世界,我们说什么不说什么,就是一个生成意义的行为,所谓宣传好人好事,就是赋予特定的行为以积极的意义。显然,单位的年度工作总结同一年来的实际工作是完全不同的对象。

面对同一个事实,我们会表达那些有意义的元素,而过滤掉那些没有意义的元素。譬如说,制作一个会议视频,给谁镜头不给谁镜头,镜头时间的长短,等等,都取决于我们制作视频的目的,根据目的而剪裁视频素材。法庭上,控辩双方通常会强调不同的事实和同一事实的不同元素,只不过是双方的观点不同而已。

总之,面对诸多事实和同一事实的不同方面,说什么不说什么,完全取决于对事实的好恶和是非判断,取决于事实对于我们是否有意义。事实本身没有意义,却会因为我们的好恶和是非判断而有意义,这就如同每年的 11 月 11 日,在历史上不过是普通的一天,自从众多商家在这一天集中推出优惠,这一天就变得有特殊的意义。

2. 事实是完整的,语言信息是片面的

语言信息是根据我们的观点重新构建事实,在语言信息中,我们的观点是中心思想(central idea),而事实只不过是支撑观点的材料(material),如前所述,我们会根据自己的观点采用一些事实,过滤掉其他的事实,叙述事实的某个方面,回避事实的其他方面。所以,运用语言陈述的事实通常只是事实的一个切片,一个截面,一个环节,远不是观察到的事实的全部,在这个意义上,我们说语言信息是片面的,这里,"片面"是中性的,没有日常用语中的贬义。

因为目的不同,语言信息的片面性还表现为,对同一个事实的语言表达会展现出事实的不同侧面。譬如说,同样是自我介绍,但求学、求职和相亲的自我介绍大不相同,即使是求职的自我介绍,也会因为应聘岗位不同而有不同的侧重。再譬如,同样一所大学,为了吸引考生而展现出来的学校,同为了寻求主管部门支持所展现出来的学校也是不一样的,前者会更多地展示学校的优势,而后者会更多地强调学校的困难,我们的观点或期待要求我们的语言信息是片面的。

3. 事实是确定的,语言信息是不确定的

我们观察到的事实是确定的,但由于语言信息的主观性、片面性和抽象性,用语言表达的事实给人的印象是不确定的或者模糊的(ambiguity),这表现为我们每个人观察到的事实是一样的,而对语言表达的这一事实则有不完全一样印象。譬如说,电视连续剧《红楼梦》中的林黛玉形象是确定的,但小说《红楼梦》中的林黛玉形象则因人而异,所谓一千个人眼里有一千个哈姆雷特。语言信息的不确定性会给受众留下生成意义的空间,对于相同的语言信息,人们会有分歧,或者说,会生成不同的意义。

事实是我们观察到的客观环境的变化,而关于事实的语言信息则体现了我们对环境变化的期待,构建语言信息的过程也就是生成意义的过程,形成观点的过程,我们讲一个案例。

案例 8-2 齐人有一妻一妾

孟子讲过一则故事,后人一般称之为"齐人有一妻一妾"。故事的梗概是,齐国有一男子,每逢从外面酒足饭饱回来,就会向他的一妻一妾炫耀,今天又与达官贵人聚餐了。妻子十分纳闷,我们家从来没有来过显贵的客人呀,于是决定尾随丈夫出去看个究竟。走在大街上,未见有人搭理她的丈夫,一直跟随到城郊的墓地才恍然大悟,原来自己的丈夫竟是向祭奠者乞讨供奉死人的食品,一处不足再讨他处。

妻子回到家中,告诉妾真相,妻妾二人抱头痛哭,原本以为可以托付终身,没想到竟是嫁给了一个无赖。齐人不知妻妾已知道真相,大摇大摆回到家中,继续吹嘘他在外面的风光。

人们感叹,如今追名逐利的人,能不让自己的亲人羞愧而泣的已经很少见了。

原文如下:

齐人有一妻一妾而处室者,其良人出,则必餍酒肉而后反。其妻问所与饮食者,则尽富贵也。其妻告其妾曰:"良人出,则必餍酒肉而后反;问其与饮食者,尽富贵也,而未尝有显者来,吾将瞷良人之所之也。"

蚤起,施从良人之所之,遍国中无与立谈者。卒之东郭墦间,之祭者乞其余;不足,又顾而之他。此其为餍足之道也。

其妻归,告其妾,曰:"良人者,所仰望而终身也,今若此。"与其妾讪其良人,而相泣于中庭,而良人未之知也,施施从外来,骄其妻妾。

由君子观之,则人之所以求富贵利达者,其妻妾不羞也,而不相泣者,几希矣。(《孟子·离娄下》)

孟子面对当时追名逐利的社会风气而构建了这则故事,以表达自己对这种社会现象的厌恶,其中心思想是最后一句话,如今人们不择手段地追名逐利,如同故事中的齐人一样,虽然表面上冠冕堂皇,但实际上龌龊到连自己的亲人都感到羞愧。然而,孟子的好恶不是孤立的口号,而是通过齐人卑劣的行为实现的,是通过齐人的行为生成的意义。试想,如果没有这则故事,孟子的好恶就无从体现,就没有"求富贵利达以致其妻妾羞愧而泣"的意义。古往今来,不缺乏对追名逐利等社会丑恶现象的批判,但孟子的鞭挞独一无二,具有千年的感染力。

显然,《齐人有一妻一妾》是孟子为了针砭时弊而构建的语言信息,至于这则故事是亲眼所见,还是道听途说,抑或是凭空杜撰,我们不会关心。就这则故事本身而言,只是截取了齐人一家生活的一个切片,齐人及其妻妾的年龄容貌、生活来源等,我们不得而知,但这些并不妨碍作者构建这则故事所要达到的目的及其效果。

运用信息生成意义,相当于我们今天经常讲的创意,优秀的创意有两个基本特征,首先是有现实针对性,面对环境变化有独到的、新颖的见解;其次是见解有感染力、说服力,能影响人,能服众。《齐人有一妻一妾》就是优秀的创意,用齐人的猥琐象征现实生活中追名逐利者的卑鄙,具有感染力,能够引起读者的强烈共鸣。

创意不是文学创作的专利,职场交流同样需要创意,甚至可以说,创意是任何交流能力的核心要素,将可乐公司的高管说成是卖糖水的,是创意,从手机摄像看到手机语音,也是创意。当然,职场交流中的创意不以流量为目标,而是要解决实际问题,促进工作。

写作(包括虚构和写实)不是编码,而是创意,是通过构建语言信息形成促进环境积极变化的观点,并且这种观点能服众,能够实现我们对环境变化的期待。创意是一种个性化的创造性劳动,无成规可循,所以,优秀的"笔杆子"往往给人以天才的印象。写作能力是一种特殊的技能,需要学习。

第三节 抽象与象征

运用信息生成意义主要有两种基本方法,一是运用抽象的方法,生成抽象意义;二是运用象征的方法,生成象征意义。

一、抽象意义

一般来说,我们观察到的某个事实与其他事实之间会有共性,共性可以将不同的事实联结起来。前面讲是非判断的一个重要方面,就是确定事实属于什么性质(which),即定性。定性体现了我们对事实的好恶和是非判断,就是生成意义,共性即意义。然而,共性是不可感知的,只能靠思维把握,靠语言表达,因此,确定事实的共性(定性)是抽象的方法,共性是抽象的意义。

案例 8-3 纪念白求恩

抗日战争期间,加拿大医生白求恩不远万里来到中国,帮助八路军救治伤病员,不幸以身殉职。面对这一事实,毛主席专门写了《纪念白求恩》,将白求恩的行为定性为"这是国际主义的精神,这是共产主义的精神""白求恩同志毫不利己专门利人的精神",等等。同样的道理,毛主席在《为人民服务》中,为烧炭战士张思德因公殉职生成了崇高意义,"张思德同志是为人民利益而死的,他的死是比泰山还要重的。"运用抽象的方法生成抽象意义,需要注意如下几个方面的问题。

1. 接地气

职场上,定性要有现实针对性,要解决具体问题,促进工作。如果抽象意义缺乏现实针对性,虽然高谈阔论,头头是道,但对实际工作没有作用,那就是毛泽东同志批评的"空话连篇、言之无物"。所谓空话、大话,就是有抽象却无具体、有共性却无个性,缺乏现实针对性,故弄玄虚,不接地气,于实际工作不起作用。如今网络上充斥着各式各样的心灵鸡汤,其特征就是没有现实针对性,因而都是没有效果的空话。譬如说,"要敢于坚持""要敢于放弃",诸如此类的说教离开了具体问题,毫无价值可言。

在案例 8-3 中,"毫不利己专门利人"是非常抽象的意义,却具有很强的现实针对性,毛泽东同志从具体到抽象后,又从抽象回到具体:

白求恩对工作极端负责,而我们有人对工作拈轻怕重;

白求恩对人民极端热忱,而我们有人对人民漠不关心;

白求恩对技术精益求精,而我们有人鄙视技术工作。

由此不难看出,毛泽东同志《纪念白求恩》的落脚点是号召我们向白求恩学习,改掉我们工作中的不足,提高干部队伍素质。"毫不利己专门利人"是抽象的,但所要解决的现实问题是具体的,我们不能脱离毛主席所针对的现实问题去抽象地争论"毫不利己专门利人"的是非。这种争论通常是无效的,也是不道德的。

案例 8-4 "天线门"事件

2010 年 6 月,苹果公司推出 iPhone 4 手机,但为了机身美观,导致手机容易掉线,被媒介沸沸扬扬地炒作为 iPhone 4 的"天线门",这其中既有实事求是的批评,也有竞争对手的蓄意攻击,iPhone 4 的市场前景因此蒙上一层阴影。面对汹涌的舆论,乔布斯没有道歉,也没有召回产品,而是说:

> 我们不完美;
> 所有的手机都不完美;
> 我们知道自己有问题;
> 我们将努力让用户满意。

乔布斯巧妙地运用了"所有手机都不完美"的共性,淡化了 iPhone 4 的具体缺陷,缓解了舆论的声讨,增强了消费者的信心,iPhone 4 很快存货售罄,而且很少有人退货,被誉为应对公关危机的新高度。

2. 能服众

对事实的定性不能一厢情愿地从概念和教条出发,而是要着眼于反映群众呼声,使我们的定性成为大家的共识,变为大家的行动,从而推进我们的工作。

粉碎"四人帮"之后,需要对新中国成立后的历史作一个总结,这是因为国内外都在关心中国将向何处去,用邓小平同志的话说,党内外都在等,国际上也在等。这个总结就是要对新中国成立后的历史定性,包括对毛泽东同志的历史地位定性。

新中国成立以后,毛泽东同志有功劳,也有错误。但邓小平同志坚持认为,必须坚持和肯定毛泽东同志的历史地位,坚持和发展毛泽东思想。其中一个重要的理由是,"不提毛泽东思想,对毛泽东同志的功过评价不恰当,老工人通不过,土改时候的贫下中农通不过,同他们相联系的一大批干部也通不过。"在邓小平同志的主持下,《关于建国以来党的若干历史问题的决议》对毛泽东同志的历史地位和毛泽东思想作出了如下定性。

毛泽东同志是伟大的马克思主义者,是伟大的无产阶级革命家、战略家和理论家。他虽然在"文化大革命"中犯了严重错误,但是就他的一生来看,他对中国革命的功绩远远大于他的过失。他的功绩是第一位的,错误是第二位的。他为我们党和中国人民解放军的创立和发展,为中国各族人民解放事业的胜利,为中华人民共和国的缔造和我国社会主义事业的发展,建立了永远不可磨灭的功勋。他为世界被压迫民族的解放和人类进步事业做出了重大的贡献。

毛泽东思想是我们党的宝贵的精神财富,它将长期指导我们的行动。由马克思列宁主义、毛泽东思想培育的党的领导者和大批干部,过去是我们的事业取得巨大胜利的基本骨干,现在和今后仍然是社会主义现代化建设事业的宝贵中坚。

后来的实践表明,这一定性得到了广大干部群众的认同和拥护,成为我们党团结带领全国人民进入改革开放新时代的重要思想基础。

"能服众"是前面回应关切和适应语境的延伸和拓展,是有效地、道德地生存意义的基本要求,如果我们的定性不仅得不到群众的拥护,反而还引起不必要的争论和分歧,这种定性就是失败的。

3. 看长远

我们总结过去的目的是面向未来,对具体事实的定性要着眼于促进环境向着积极的方向变化。例如,2001 年 9 月 11 日,极端分子驾驶民用飞机袭击了美国的世贸大厦和五角大楼,这就是震惊世界的"9·11事件",面对"9·11事件",可以生成如下意义:

"9·11事件"是对美国中东政策的报复;

"9·11事件"是基督文明与伊斯兰文明冲突的产物;

"9·11事件"是阿拉伯世界对美国人的袭击;

"9·11事件"是反人类的恐怖袭击。

抽象地看,以上定性都有事实依据,站在不同的立场上会选择不同的定性,但我们选择了恐怖事件的定性,即我们反对无端地袭击平民和民用设施。后来的实践表明,这一定性为我们的反恐斗争赢得了主动,争取到了国际支持。

4. 不争论

抽象意义实际上是我们对事实的观点,包括好恶和是非判断,体现了我们对环境变化的期待,其作用是促进环境朝着我们期待的方向变化,在定性过程中,我们要避免那些脱离实际的意义之争,即避免无谓的(无效的)争论,那些对实际工作不起作用的定性是不必要的,甚至是有害的。

在第七章的案例 7-8 中,面对曹操大兵压境,东吴内部有主和与主战之争。张昭主张投降有两个重要的理由,一是曹操以朝廷的名义出兵,抵抗无名;二是投降可保东吴安宁,避免生灵涂炭。周瑜主张迎战也有针锋相对的两个理由:一是曹操挟天子以令诸侯,人心不服;二是孙权长期经营江东,丰衣足食,兵强马壮,正当自强。

表面上看,双方慷慨激昂,各执一词,各有道理,但实际上是意义之争,抵抗曹操是出师有名还是出师无名,孙权应该俯首称臣还是应该自强,等等,虽然这些都是影响战争胜负的重要因素,但回答不了孙权既不甘人下又担心寡不敌众的忧虑,并不能帮助孙权下定决心。孙权关心的不是打不打,而是打不打得赢,一旦迎战,有无胜算。所以,只有当周瑜通过调查研究确认,虽然总体上孙吴双方实力悬殊,但具体到这场战役,双方实力相当,值得一战,孙权这才下决心迎战曹操。促成孙权下定决心的不是意义之争,而是敌我双方具体的力量对比。

邓小平同志倡导不争论,当然不是不讲是非,不讲原则,而是强调要避免脱离实际的无效争论。当年在要不要搞经济特区、要不要建立证券市场等具体问题上,难免有姓"资"姓"社"的争论。但是,如果放下工作而听凭争论,则对实际工作没有任何积极作用,用邓小平同志的话说,放任争论会耽误时间。

意义之争通常是主观愿望之争,主观认识之争,很难达成一致。庄子说:"此亦一是非,彼亦一是非",意思是很难用你的是非来裁决我的是非。相反,意义之争只有通过实践才能回答,才能裁决。故邓小平同志提倡不争论,允许看,大胆试,大胆闯,万一失败改过来就是了,这才是马克思主义辩证唯物主义的态度。

我们之所以要警惕意义之争,还有一个非常重要的原因,就是意义之争很容易演变为人身攻击,不仅无益于实现任务目标,还会造成不必要的团结问题。人们常说,真理越辩越明,但意义之争通常会演变为人际冲突,变成以力服人。

比如说,在防治新冠肺炎疫情期间,有位大夫建议,普通人预防新冠病毒的根本途径是增强免疫力,所以要改变喝粥就咸菜的早餐习惯,多吃鸡蛋喝牛奶,以加强营养,增加热量,提高对新冠病毒的免疫力。

当然,这位大夫的建议是可以讨论的,譬如说,早餐习惯与免疫力之间的联系有什么科学依据,这个建议是不是适合每个人,等等。但是,网络上却有人认为这个建议是提倡西方的生活方式,是崇洋媚外。

中西方确实有饮食习惯的区别,不能说这种言论没有根据。但是,这种言论除了攻击对方以显示自己高明外,对于如何防治新冠肺炎疫情没有任何建设性的作用,是典型的抬杠、找茬,争论的目的不是推进工作,而是否定对方,任其争论下去,难免发展为打倒人。所以,这种定性不仅是无效的,也是不道德的。

接地气、能服众、看长远和不争论是使用抽象方法生成抽象意义的四个基本要求,是有效地、道德地生成意义的具体化。实际工作中,我们既要有效地、道德地生成意义,也要识别和抵制那些无效的、不道德的定性。

二、象征意义

我们观察到的客观对象(事实)是具体的,彼此独立的,互相区别的,但我们可以运用对象之间的相似性,用一个对象表达另一个对象,这就是生成意义的象征方法,对象之间的相似性就是象征意义。例如,在小说《红楼梦》中,贾宝玉初见林黛玉,作者用一首诗形容贾宝玉眼中的林黛玉:闲静时如姣花照水,行动处似弱柳扶风。心较比干多一窍,病如西子胜三分。

这首诗的大意是,林黛玉像花儿一样美丽,像柳枝一样柔软,像比干一样聪明,像西施一样动人。

这首诗就是典型的象征方法,实际上,林黛玉与花草、树木、比干和西施等都是彼此独立、毫不相干的对象,它们之间的相似性不是对象本身固有的,而是作者自己生成的,或者说是作者赋予对象的,投射给对象的,体现了作者的好恶。前面的共性和这里的相似性都是主观的东西,所不同的是,共性是抽象的属性,而相似性是通过具体对象体现出来的。例如:"林黛玉和西施是中国古代的美女",这是抽象意义,强调的是"美女"的共性,"美女"是不可感知的抽象符号,而"林黛玉病似西子胜三分",则是象征意义,是用相似的西施表达林黛玉的美貌。

由于象征是具体对象之间的互相表达,更容易激起受众的情感反应,相对于抽象意义,更有感染力。五代十国时期李煜作的《相见欢》,就是一个经典的例子。

相见欢(李煜)

无言独上西楼,

月如钩。

寂寞梧桐深院锁清秋。

剪不断,

理还乱,

是离愁。

别是一般滋味在心头。

李煜是五代十国时期的南唐君王,后被宋朝所灭,当了俘虏,成了亡国之君。此时的李煜,内心世界自然十分痛苦,但外人很难体会到。然而,这首词运用丝线"剪不断,理还乱"的视觉印象象征自己的内心世界,让人感同身受,故千古流传,"剪不断,理还乱"也因此成为表达离愁别恨的专有符号。

象征意义不仅广泛地存在于文学艺术作品中,同样也存在于理论文献中。譬如,马克思的《资本论》从总体上讲毫无疑问是一本抽象的理论著作,但也不乏象征意义。马克思在抽象地分析了资本原始积累后总结道:"资本来到人世间,从头到脚,每个毛孔都滴着血和肮脏的东西。"这一象征意义相当于今天我们经常讲的"金句",更容易为普通民众所理解和接受,更容易激起人们对资本主义制度的仇恨。再譬如,在《共产党宣言》中,马克思形容共产主义像幽灵一样在欧洲徘徊,引起一切反动势力的恐惧和仇恨。无产阶级在革命中失去的只是锁链,获得的将是整个世界,等等,都是典型的象征意义。

职场交流中,尤其是面向外行的交流,面向公众的交流,象征是增强交流适应性(参见第三章)的重要方法,包括用简单象征复杂,用熟悉象征生疏,用个别象征整体,等等。运用象征方法的根本原则仍然是有效地、道德地生成意义,针对象征方法的特殊性,需要强调象征的"三不"原则。

1. 不矫情

象征方法容易表达我们的好恶,也容易激起受众的好恶,主要是情感交流的方法。但在职场交流中,运用象征方法还是要服从单位的任务目标和团结目标,有利于实现我们的职业追求,而不能脱离实际工作无病呻吟、哗众取宠,不矫情是接地气的另一种表述,脱离实际工作的象征意义就是矫情,乔布斯在这方面有正反两方面的经验教训。

案例 8-5 《1984》与《非同凡响》

20 世纪 80 年代初期,IBM 公司是个人电脑市场上的老大,占有绝对的市场份额,相比较而言,当时的苹果电脑不在一个数量级上。当苹果公司即将推出麦金塔电脑之际,乔布斯策划了一个视频广告《1984》,视频中,一个年轻女子成功地挑战了统治芸芸众生的黑老大,给即将上市的麦金塔电脑生成了挑战者、叛逆者的意义,象征着苹果公司即将在个人电脑市场上与 IBM 公司一争高下。广告一经播出,轰动一时,消费者对苹果公司即将上市的新产品满怀期待。

然而,由于乔布斯的固执己见,麦金塔电脑没有硬盘驱动器,没有风扇,速度慢,使用不方便,被戏称为"米色的烤箱",消费者大失所望。

1997 年,乔布斯回到苹果公司主持工作。当时的苹果公司面临倒闭的边缘,外在形象奄奄一息,公司内部士气低落。为此,乔布斯策划了《非同凡响》的企业形象,将苹果公司与人们崇拜的英雄、明星和偶像联系在一起,象征着苹果公司将在乔布斯的领导下追求卓越,东山再起。

随着苹果公司不断推出受消费者青睐的创新性产品 iPod、iPhone 和 iPad 等,这种"非同凡响"的企业形象逐渐深入人心,消费者在使用苹果公司产品的同时也在分享"非同凡响"的崇高意义,这一象征意义为苹果公司的产品创造了丰厚的品牌溢价。

孤立地看,无论是创意还是流量,广告《1984》毫无疑问是成功的,但相对于不受欢迎的产品而言,就显得矫情。自我吹嘘的广告与不受欢迎的产品叠加在一起,对苹果公司和乔布斯本人,伤害更大。麦金塔电脑的失败是乔布斯离开苹果公司的根本原因。严格地讲,这种给竞争对手生成消极意义的广告也是不道德的。

《1984》和《非同凡响》都是优秀的创意,但决定它们成败的却是实际工作。这是职场交流与其他交流的一个重要区别。评判职场上的创意,包括抽象与象征,不是文本和流量,而是看对实际工作的利弊。花样翻新的广告包括明星代言等,其成败的决定性因素始终是企业的价值、产品的性能和消费者的权益等。

2. 不惹事

前面讲过，象征容易激起受众的情感反应，因此，我们在生成象征意义的时候，要警惕与受众的文化倾向和交流禁忌相冲突，这就是"不惹事"，也就是要道德地生成意义。比如说，一次爱国集会后，留下满地垃圾。这个现象当然不好，应该批评。但是，有一个媒体形容与会者是一群"爱国虫"，这就触犯众怒了，爱国并不必然破坏环境，留下垃圾不对，并不意味着爱国也不对。这种象征意义与广大爱国者的好恶严重冲突，理所当然地引起舆论的反感和谴责。

再比如，一位分管审计工作的领导形容审计人员是国有资产的"看门狗"，象征审计工作者忠于职守。审计人员自己这么讲当然无可厚非，但外人这么说就容易引起不必要的麻烦，因为在日常用语中，"看门狗"有贬义。类似的，孔子形容自己如同丧家之犬，既是自嘲，也是对时政的批判，但是，如果我们重复这种意义，就很容易激起孔子信徒的反感。

3. 不抬杠

象征是具体对象之间的互相表达。但是，具体对象之间"像而不是"，所谓"像"，就是对象之间有相似性，而且这种相似性是我们生成的，是主观的。所谓"不是"，是指对象之间是彼此独立的，通常是毫无关联的。譬如说，林黛玉与西施毕竟是相隔千年的人物，实际上毫无关联，说林黛玉像西施，是形容二人都有令人怜爱的病态美，是我们的主观感受。如果因为二人相隔千年而诘难"病似西子胜三分"，或者，因为相似而否认二者根本不是一个人，就是抬杠，抬杠通常是无效的，也是不道德的意义之争。

再比如，史蒂夫·乔布斯和比尔·盖茨是没读完大学就创业成功的典型。我们可以运用这两个典型象征成功创业与学历高低没有必然联系，但不能因此鼓吹作为群体的青年男女没有必要上大学，鼓励大学生群体辍学创业，甚至鼓吹读书无用。象征是创意，但创意不是异想天开，不能违背常理。

最后再举一个例子。有位领导曾经说，中美如夫妻，离婚的代价很大。显然，这是一种象征意义，用夫妻关系象征中美之间经贸关系紧密，合则两利，分则两伤。但有人诘难，中美两国，谁是夫，谁是妻？言下之意，中美两国，谁主谁从？这就是典型的抬杠，两国关系当然不是夫妻关系，但我们不能用"不是"诘难"像"，其意图不是改善两国关系而是攻击对方。

当两国友好的时候，中美如夫妻的象征无可厚非，一旦两国关系紧张，这种象征就容易"惹事"，引起不必要的争论。或者说，"惹事"的象征容易导致"抬杠"，这是我们强调象征"不惹事"的重要原因。但需要强调的是，"惹事"不是"抬杠"的理由，如同我们教育小学生一样，骂人不对，但以骂人相报复同样不对。更一般地说，任何破坏团结和加剧社会冲突的意义之争都是无效的，也是不道德的，我们应该自觉地抵制，更不要随声附和。

第四节　提高媒介素养

语言信息是以媒介为载体的,因此也称为媒介信息,同前面讲的事实一样,媒介信息也会刺激人们产生反应,或者说,人们面对媒介信息会生成意义,这就有一个反应是否合理、意义是否恰当的问题。譬如说,造谣者自然是别有用心,但是不是信谣、传谣,则是受众自己的责任。

媒介信息总是有所期待的,但我们不能被动地接受媒介的期待,而要顾及接受媒介信息的效果,是不是有利于促进工作和团结,是不是有利于实现我们自己的职业追求。所谓媒介素养,就是面对媒介信息有效地、道德地生成意义的能力。面对事实生成意义的原理和方法,同样适用于面对媒介信息生成意义,事实上,前面的案例 8-2、案例 8-3,就是对媒介信息生成意义。这里主要就媒介信息的特殊性强调两点。

第一,培养健康有效的关注—过滤机制

第四章讲过,我们每个人都有一个关注—过滤机制,面对海量信息关注什么,过滤掉什么,取决于我们的知识结构、思想观念和职业追求等,不同的关注体现的是内心世界的高下,在这个意义上讲,关注—过滤机制是首要的媒介素养。

首先,我们每个人都生活在现实和媒介世界里,在现实与媒介之间,我们提倡更多地关注现实环境的变化,对媒介信息的关注要适度。这个问题在今天尤为突出,在传统媒介时代,媒介信息比较稀缺,是人找媒介,如订报纸、订刊物等,而在移动互联网时代,是媒介找人,各种信息充斥于网络,千方百计地吸引人们的关注。如果沉溺于媒介信息,疏于对现实生活的关注,势必会对我们的职业前途产生消极的影响。因为影响我们职业生涯的终究是现实因素,是身边的人和事,媒介信息只是现实生活的反映,对我们的影响通常是间接的,甚至影响不大,乔布斯的创造都是来源于对现实生活的关注,而不是来自媒介的启示,对于我们从事的工作而言,来自现实的工作经验和悟性往往比来自媒介的"诀窍"和"捷径"更为靠谱,孟子批评"位卑言高",也有这个道理。

我们主张更多地关注现实的另一个重要原因是,来自现实生活的经验和常识是我们鉴别媒介信息真伪的重要依据。大家都有这样的体会,在我们熟悉的领域,我们对媒介信息能够保持清醒的头脑,相反,在陌生领域,我们容易轻信媒介,这主要是因为,在陌生的领域,我们缺乏鉴别媒介信息的现实依据。

不仅如此,即使媒介信息本身没有问题,但由于缺乏现实经验,运用媒介信息指导现实生活也容易误入歧途。相传春秋时期秦国人孙阳善于相马,人称伯乐,著有《相马经》。书中记载,千里马的主要特征是,额头隆起,眼睛明亮,蹄如累曲。他的儿子根据这段描述抓回一只癞蛤蟆,告诉父亲说,我找到了一匹好马,只是马蹄有些不同。按图索骥的故事告诉我们,源于现实生活的经验和常识不仅是鉴别媒介信息的依据,也是我们正确运用媒介信息的重要保证。

其次,前面的讨论实际上涉及一个媒介悖论,面对陌生的领域和问题,我们往往更需要借助媒介,但也正因为陌生,我们对媒介信息会缺乏鉴别力。这就要求面对纷繁芜杂的媒介世界时,更多关注那些有信誉的媒介,也就是有法律和道德的约束,能够提供真实有效信息的媒介。我们提倡生病去医院,因为医生会拿自己的身家性命对自己的"误诊"承担责任,相反,网络上形形色色的"偏方"通常无人负责。对于那些缺乏法律道德约束甚至有失信前科的媒介和账户,应该敬而远之。

即使是有信誉的媒介,也是有倾向、有期待、有立场的,譬如说,面对客观的国际环境,各家媒介通常是各取所需。这就要求我们面对任何媒介提供的陌生信息都留有余地,进行多方信息佐证,包括实地考察调研。总之,面对我们不熟悉、不专业、不内行的信息,都要保持一份警惕,不能人云亦云,更不能因为这些信息适合我们的口味而偏听偏信,以讹传讹。孔子讲:"道听而途说,德之弃也。"(《论语·阳货》)所谓"道听途说",就是相信和传播那些自己不能判断真伪从而不能承担责任的信息,这当然是一种不道德的行为,往往害人害己。

最后,更多地关注使用型信息,而不是沉溺于满足型信息。

在西方传播学中,关于人们的关注动机,有一个使用与满足理论(uses and gratifications theory),其基本观点是,人们之所以关注某一种信息,要么是这种信息能够帮助我们解决实际问题,包括增加知识和提高技能等,不妨称为使用型信息或者学习型信息;要么是这种信息能够给我们满足感,使我们心情愉悦,不妨称为满足型信息。

使用型信息通常是枯燥乏味的,如晦涩的语言、复杂的数学、专业的工程图表和编程语言等,接受使用型信息是一个劳神费力的学习过程。相反,满足型信息通常是通俗易懂、喜闻乐见的,接受满足型信息是一个自我肯定的愉快过程,如果没有特别的动力,人们会更倾向于接受满足型信息,因为满足型信息会使我们陶醉于自我肯定的心理满足中,容易上瘾。

心理学家将自我区分为现实的自我(real self)和理想的自我(ideal self)。现实的自我是对自我的认识,回答我是谁,理想的自我是对现实的判断,回答我应该是谁。显然,理想是对现实的不满足,是改变现实的期待。一个人的理想越自觉,越坚定,就越会倾向于关注使用型信息,而且这种关注明确、集中、持久。譬如,一个人尽管现在的英语水平不高,但是,为了出国留学,或者打算凭借英语水平谋得一份体面的职业,这个人就会不辞劳苦地学习英语。相反,如果没有学习英语的需要,当然就不会去背枯燥乏味的英语单词。

所以,关注—过滤机制实际上是职业追求的体现,英文中的"literacy"这个术语,原本指文字符号的读写能力,汉语翻译为"素养",就是强调语言符号的运用能力从根本上讲是由内在精神境界决定了的。这也再次表明交流能力不是孤立的,一个庸碌无为的人当然谈不上什么交流能力。

第二,警惕好恶代替是非判断

同事实一样,媒介信息也会刺激我们的心理反应和理性思考,产生好恶和是非判断。所不同的是,面对厌恶的事实,我们或者是无可奈何,选择回避,或者是积极思考,寻求对策,以改变现状。譬如说,面对手机摄影,乔布斯没有停留在好恶的层面,而是警惕这种变化对自己公司和产品的影响,进而开发出自带语言播放器的手机。

而面对反感的媒介信息,我们通常会迁怒于相关的人包括作者,对媒介信息的好恶容易直接演变为人际冲突。所以,客观环境变化导致社会冲突,往往是媒介刺激的结果,如我们在后面"思考与练习"中提供的一个案例显示的那样,一起普通车祸导致对一个群体的攻击,是媒介"煽动"的结果。

好恶是自发地形成的,是出于本能和文化的自我肯定,是以自我为中心的自我满足,而是非判断是自觉的思考,是以效果为中心的权衡,这种权衡往往需要抑制自己的好恶。我们每个人都有好恶,但是非判断需要专门的知识和经验,所以,越是面对陌生的信息,越容易意气用事,只有好恶,而缺乏是非判断。而且,好恶越强烈,越容易只求痛快,不计效果。相对于事实而言,受媒介信息刺激的好恶更容易形成舆论,更容易裹挟无辜,更容易抑制理性思考。

到这里,我们的课程该结束了。从本章的观点看,我们这门课程显然也是构建的,课程的目的不是拷贝现实的职场交流,而是期待着一种积极健康的职场生态,在这种生态下,每位员工可以依靠自己的聪明才智造福于社会,也成就自己。

当然,现实生活中不乏钩心斗角、尔虞我诈。就员工个人而言,本书第五章提供了应对职场阴暗面的基本思路,就历史发展趋势而言,我们不能因为职场阴暗面的存在而放弃对光明未来的追求,培养一代又一代优秀正直的青年走向职场,既是对未来充满期待的根本保证,也是教育的基本职责所在。

现实生活是具体的、鲜活的,而我们阐述的规则和伦理总是抽象的、片面的。因此,这些规则和伦理只可以用来约束自己,而不可以用于苛求他人。譬如,现实生活中的领导都是活生生的人,大多数情况下,以力服人和以德服人并不是绝然分开的,"易事"和"易悦"也不是非此即彼,干事的领导通常也喜欢听好话,诸如此类。如果我们用这些抽象的规则和伦理裁判现实、裁判他人,就容易使我们脱离现实、脱离群众,成为孤家寡人。君子尊贤而容众,这里所说的"容众",就包括乐于同那些不能遵守交流规则和伦理的人打交道。我们应该始终牢记管子的忠告:以贤临人,未有得人者也;以贤下人,未有不得人者也。

希望我们这门课程能够帮助大家克服盲目的道德优越感,热爱现实生活,创造美好的职场时光。

基本概念

完整的信息、线性的信息、意义、事实、实在倾向、名义倾向、语言信息的构建性、好恶、是非、抽象意义、象征意义、媒介素养、信息悖论、使用型信息、满足型信息

基本观点

(1)没有脱离信息而存在的意义,不同的信息体现着不同的意义,信息即意义。

(2)面对同一对象可以生成不同的意义,生成意义既要有目的,又要顾及交流对象的反应,能够促进工作,维护团结。

(3)事实会刺激我们发生心理反应和理性思考,即生成意义。意义有好恶和是非两种形态,好恶是自发的心理反应,是非是自觉的理性思考,生成意义要警惕用好恶代替是非。

(4)运用信息生成意义主要有两种基本方法,一是运用抽象的方法,生成抽象意义;二是运用象征的方法,生成象征意义。

(5)生成抽象意义的基本规则是接地气、能服众、看长远和避免无谓的争论等。

(6)生成象征意义的基本规则是不矫情、不惹事和不抬杠等。

(7)提高媒介素养需要形成健康有效的关注—过滤机制,包括更多地关注现实,注意媒介信息的可信度,避免沉迷于满足型信息等。

(8)媒介信息更容易激起人们的好恶反应,所以,面对媒介信息尤其是不熟悉、不内行的媒介信息,更要加强理性思考,谨慎反应,避免不必要的冲突和麻烦。

(9)本课程阐述的职场交流规则和伦理是构建的、抽象的,只可以用来约束自己,不可以用来苛求他人。

练习与思考

1.指出下列观点中哪些是正确的,哪些是错误的,并简要说明理由。

(1)"你好"和"您好"是两条不同意义的信息。

(2)"语不惊人死不休"的意思是,我们要为自己的观点找到恰当的语言符号表达出来。

(3)事实本身没有意义,但通常会因为我们表达出来而有意义。

(4)评价单位年终工作总结的根本标准,要看是否真实全面地反映了单位一年来的实际工作。

(5)无论是面对客观事实,还是面对媒介信息,都要摒弃好恶,理性思考。

(6)《齐人有一妻一妾》是一种象征意义。

(7)没有现实针对性的抽象意义是空话、套话,对解决实际问题不起作用。

(8)象征是文学艺术的主要方法,在实际工作中派不上用场。

2.什么是无谓的争论,为什么反对无谓的争论?

3.在媒介信息发达的今天,为什么提倡更多地关注现实?

4.什么是媒介悖论,该如何应对媒介悖论?

5.如何防止过度关注满足型信息?

6.对于历史上有影响的人物,通常存在着不同的评价,譬如说,关于乔布斯就有如下两种观点:A.乔布斯是一位企业家。B.乔布斯是一位资本家。你认为应该如何面对这种分歧?

7.案例讨论

富家子弟把马路当F1赛道 无辜路人被撞起5米高

7日20时45分,一位市民来电称,在杭州文二西路,一辆改装的红色三菱跑车撞死一名行人。行人先被车头撞了,然后整个人飞起来撞到挡风玻璃,再飞出去。三菱车头凹进去很大一块,挡风玻璃全碎了。这位市民还拍下了现场照片。

南都德加公寓的保安胡师傅目击了车祸全过程。胡师傅说,当晚8时许,路上"轰轰轰"跑来三辆车,都是很低很矮的跑车,速度很快。一名小伙当时在通过斑马线,被撞后,飞起5米多高,并在空中翻了跟头,掉下来了,落在离斑马线20多米远的地方。当时刚好有两名姑娘路过,一转脸,吓得抱头蹲了下来。围观者猜测,撞人的三菱跑车开到了100~150km/h。

肇事者是一名年轻男子,穿着POLO衫,右手戴一款运动型手表,右手臂上有一道弧形、约10厘米长的旧伤疤;出事后,他被警方控制,坐在警车内双手盖脸,不停揉眼睛,偶尔通过指缝看着外面的动静。一名打扮时髦、脖上戴着粗金链子的小伙子在三菱跑车旁打电话:"小×撞死人了,过来看看,文二西路这里。"10多分钟后,陆续来了七八名打扮时髦的小伙子,有三四个小伙子或牵、或搂着漂亮女孩,居然还说说笑笑。他们慢慢围到一个40多岁、穿黑色套裙的中年女士周围,给她出主意:赶紧找找人,看看有啥路子,到底该怎么处理……据查,中年女士是这辆三菱跑车的车主,40多岁。车上印着一家汽车俱乐部的网址,尾灯处还印着"玩车坊"三个字。离三菱跑车不远停着几辆崭新的豪华车——有英菲尼迪、保时捷、法拉利等。

2009年5月7日,杭州市发生了一起车祸。网络上一篇以《富家子弟把马路当F1赛道 无辜路人被撞起5米高》为标题的新闻报道了此事,引发了网络上对富二代的愤怒声讨。若干年后,将这则新闻作为案例呈现在大学生面前,许多学生的第一反应仍然是对富家子弟的反感。

(1)请解释这种现象;(2)请分析这则新闻的构建性。

主要参考文献

高华平,王伏玲评注,2016.韩非子[M].北京:商务印书馆.

河上公,王弼注,严遵指归,刘思禾校点,2013.老子[M].上海:上海古籍出版社.

黄铭,曾亦译注,2016.春秋公羊传[M].北京:中华书局.

罗贯中,2009.三国演义[M].北京:中华书局.

司马光,1990.资治通鉴(第一册)[M].长沙:岳麓书社.

司马迁,2016.史记[M].上海:上海古籍出版社.

斯蒂芬·李特约翰,凯伦·福斯,2009.人类传播理论[M].9版.史安斌,译.北京:清华大学出版社。

沃尔特·艾萨克森,2011.史蒂夫·乔布斯传[M].管延圻,等译.北京:中信出版社。

杨伯峻译注,2008.孟子译注(简体字本)[M].北京:中华书局.

杨倞注,耿芸标校,2014.荀子[M].上海:上海古籍出版社.

杨柳桥,2012.庄子译注[M].上海:上海古籍出版社.

余瑞祥,2015.说话与倾听[M].武汉:武汉出版社.

约瑟夫 A.德维托,2011.人际传播教程[M].12版.余瑞祥,等译.北京:中国人民大学出版社.

朱熹注,1987.四书章句集注[M].上海:上海书店.

朱熹注,1987.周易[M].上海:上海古籍出版社.

Pamela S, Shockley-Zalabak, 2009. Fundamentals of Organizational Communication—Knowledge, Sensitivity, Skills, Values[M]. 7th. New York: Pearson Education, Inc.

Roy M, Andrew D W, Darlyn R W, 2010. Communicating, A Social, Career and Cultural Focus[M]. 11th. New York: Pearson Education, Inc.

Stanley J B, 2010. Introduction to Mass Communication, Media Literacy and Culture[M]. 6th, New York: McGraw-Hill Companies, Inc.